真実を
知る人たちが語る

たましいの本当の話

～人は死んだらどうなるのか～

江原啓之＋鶴田光敏＋工藤美代子
Hiroyuki Ehara　Mitsutoshi Tsuruta　Miyoko Kudo

ビジネス社

はじめに

あなたは霊が怖いですか？
もし、そう思うのならば、それはあなたに「愛」がないからです。
人はたましいの存在です。
私は、このことを一貫して伝え続けてきました。
幼い時に両親を亡くし、「生きることって、なんなのか？」
「死ぬことって、なんなのか？」と考え続けてきました。
父を4歳の時に亡くし、母を15歳の時に亡くしました。
葬儀を迎えて、沈んでいる私に、人は悪気なく言います。
「真面目に生きていれば良いことがあるよ」と。
「真面目に生きること」とは、なんなのだろうか？
これまでも私は真面目に生きてきたつもりです。

それなのにどうして苦労をしながら生きてきた両親が、こんなにも早くに亡くならなければならないのか？

私はこの理不尽な人生を恨みました。

生きる意味と死んでいく意味を問い続けてきました。

そして人生とは、なんなのかを幼いながらに見つめ続けてきたのです。


人は霊能力を持つ私をまるで「魔法使い」かのように誤解します。

人生における困難や苦難を一挙に解決してしまう存在かのように誤解します。

ハッキリと申し上げますが、人生において魔法はありません。

霊能とは、あくまでもレントゲン技師のような存在であり、問題点を伝えることはできても、根本の解決は当事者本人にしか出来ないことなのです。

ですから人生における苦難は、魔法によって解決するものではなく、本人の生き方によって変えてゆくものなのです。

あなたが躓いてしまった原因を、自らが気づき、自らで正す。

人生を軌道修正してくれる苦難こそ、まことの幸いでもあるのです。


では、どうして人は悩み続けるのか。

幼い時の私が理不尽な人生を恨んだ時のように、多くの方が苦難を目の前にすると人生を悲観します。

自分自身を罰してみたり、他者を裁いてみたり、国や社会を恨んでみたりします。

それでも抱えた悩みが消えたりすることはありません。


私は、不幸の三原則という、人が不幸になる3つのキーワードを伝えています。

それは「自己憐憫」、「責任転嫁」、「依存心」です。

「この人生が不幸なのは、私の心が弱いせい」という自己憐憫。

「この人生が不幸なのは、親が私を抑圧したせい」という責任転嫁。

「この人生が不幸なのは、誰も私を守らないから」という依存心。

今、この人生が不幸だと思うとき、必ずこの三原則のどれかが原因となっています。

そして、この三原則すべてに共通することは、

目に見える世界だけがすべてだと思う「物質的価値観」です。

多くの方がこの「物質的価値観」を前提として生きているため、人生の苦難にもがき苦しみ、どうにかして「しあわせ」を見える形で叶えようと躍起になっています。

「しあわせ」であるという本来満たされた感覚が、他者からの評価や物にどれだけ恵まれているかによって表現されるのです。

その見せかけの「しあわせ」を叶えてみても、やがて虚しさが波のように押し寄せてきて、物質では決して満たされないのだということに気がつくことでしょう。

行き過ぎた物質的価値観は、人を人として見つめず、人を物として見つめるようになり、やがていのちの尊厳すらも奪っていきます。

では本当のしあわせって、なんでしょうか？
私は「しあわせとは、なにも恐れるもののないこと」と伝えています。
生きることの悩みや苦しみも、老いることの怖れも、病気による煩いも、死による離別も、なにも恐れることがなければ、いたずらに不安に思うこともありません。もちろん霊だって怖れるものではないのです。

目に見える世界だけがすべてだという「物質的価値観」の前提に立ったとき、「死」とは無を意味するかもしれませんが、人がたましいの存在であるという「霊的価値観」の前提に立ったとき、「死」とは、やがて再会を果たすための「旅立ち」であると言えるのです。

ですから人がたましいの存在であるという「霊的価値観」を理解すれば、「死」による離別の怖れも、「無」になる虚しさもなく、「物質的価値観」と「霊的価値観」のどちらで人生を見つめていくかによって、あらゆる出来事の捉え方が変わっていきます。

あなたが「しあわせ」と思っていたことも、「不幸」と思っていたことも、視点を変えれば自ずと捉え方が変わっていくのです。

私はこの「霊的価値観」をありとあらゆる媒体を用いて伝え続けてきました。なぜならそこに「愛」があるからです。

「人はたましいの存在である」ということを見つめ続けていけば、人生において恐れるものはなくなり、どんな状況であれ、すべてのいのちは等しく愛されているのだと強く断言できます。

この本は、日頃から心霊の世界と関わる3人の鼎談で、「人は死んだらどうなるのか」を知る手がかりになれば、というところからスタートしました。

愛知県で小児科・アレルギー専門医として従事する鶴田光敏先生は、幼い頃から家族の信仰に伴って心霊の世界にも親しんでこられ、診察を通して人間を「診て」きた方です。

またノンフィクション作家で、不思議な現象にまつわるエッセイも多い工藤美代子先生は、人間の心の動きなどを「観て」きた方でもあります。

そして私はスピリチュアリストとして、たましいを見つめ続け、多くの霊を「視て」きました。

心霊との関わり方は三者三様ですが、共通するのは、「死を意識することで、生がより豊かに輝く」ことを実感していることです。

死を見つめることは、生きることをより充実させ、悔やまないように生きなければという希望にもなります。

それが私が「たましい」の存在を伝え続けている根底であり、それが本当の「しあわせ」と「愛」に至る唯一の道であると思うからです。

どうかこの本が皆様にとって人生を見つめる一つのきっかけとなり、道を照らす光となりますことを願っております。

江原啓之

第1章 霊との邂逅

第2章 彼らがそこにいる理由

第3章

三島の首が語ること

第4章

とまどう識者たち

第5章 日本心霊科学協会の80年

第6章

あの世とこの世

～私たちはどう生きるか～

第1章

霊との邂逅

「心霊」から「スピリチュアル」ブームへ

鶴田　私はお二方の長年の愛読者で、いってみれば大ファンというわけですが、江原さんとは、出会って35年になりますね。最初お目にかかったのは日本心霊科学協会でした。

工藤　お二人は長いお付き合いなのですね。江原さんはおいくつだったんですか？

江原　私は18歳で協会の門を叩いていますが、鶴田先生とお目にかかったときは25歳でした。そんな私も、昨年還暦を迎えまして。

鶴田　歴史を感じますね。私は10歳上ですから、私が35歳だったということになる。工藤さんとは、２０２４年、女性誌『家庭画報』で「死後の世界」をテーマにした対談をさせていただきました。

工藤　「死んだらどうなる?」というタイトルで興味深い内容でしたね。

鶴田　昨今では「終活」という言葉もありますし、多くの方が興味をお持ちだと思います。

工藤　本当にそうですね。そもそも最初にお二方とご縁ができたのは、作家の佐藤愛子先生を介してでした。

鶴田　佐藤愛子先生はわれわれ3人の共通のお知り合いということになりますね。愛子先生の『私の遺言』（新潮社）には、先生が購入された北海道の別荘などに起こった30年にもわたる壮絶な霊現象の顚末が描かれています。

工藤　本の中で鶴田先生は、「名古屋の青年医師」として登場していましたね。

鶴田　駆け出しの頃の江原さんも「若干二十四歳のまことに真面目な青年」と描かれていました。愛子先生のお宅で起こった心霊現象でもわかるように、こうしたことは昔からあることで、正しい知識がきちんと伝えられていないと思うのです。

江原　興味本位で怖がらせたり、おもしろおかしくではなく、そこに秘められた意味やしくみを知っていただきたいですよね。視えなくても、霊はとても身近な存在であるわけですし。

鶴田　まさにそうですね。今回の鼎談が霊を知るきっかけの一つになってほしいとも思います。それでいうと、江原さんのご著書はいろいろ読ませていただいていますが、最初の『自分のための「霊学」のすすめ』（ハート出版）はとてもよかった。

江原　ありがとうございます。スピリチュアルの基本をわかりやすく書いた、とても思い入れのある本です。今は新装本として、タイトルも『人はなぜ生まれいかに生きるのか』（ハート出版）として刊行されています。だけど最初は全く売れなかったんですよ。

鶴田　今では信じられないですね。

江原　売れないのはなぜだろうかと考えたら、精神世界のコーナーに置かれてしまうからではないかと思いついたのです。

工藤　書店のどこに置かれるかによって売れ行きは変わるといいますね。

江原　一般の人たちの目に留まるにはどうしたらいいかと思った時に、「文庫だ」って気づいたんです。それならジャンルではなく、文庫のコーナーに置かれますから。

工藤　たしかにね。

江原　文庫で出すきっかけは、日本心霊科学協会でも時々講師をされる鬼谷算命学の中森じゅあん先生がご紹介くださったんです。三笠書房の王様文庫から頼まれていた原稿が全く進まなかったそうで、「江原さんという人がいるから、先にどうですか」と言ってくださって。

工藤　それがベストセラーになった『幸運を引きよせるスピリチュアル・ブック』（三笠書房）だったんですか？　そんな経緯があったんですね。

江原　ええ。実はその前にマガジンハウスで『心霊バイブル』という本を出していたんですよ。私はタイトルを『スピリチュアルバイブル』にしたかったんですけど、ブームの先端を行きそうなマガジンハウスの担当者から「スピリチュアルという言葉はまだ広がってないよ」と言われて『心霊バイブル』になったんです。だけど表紙には大きくSBという文字があしらわれていました。カレーじゃないのに（笑）。

工藤　それ、おかしい（笑）。

鶴田　それからはベストセラー作家の常連ですね。

江原　本の帯を書いてくださったのが林真理子さんですが、この本がベストセラーになったことで、今度から自分の帯は自分で書こうかな、なんておっしゃって（笑）。

工藤　林さんといえば、子供ができない時に江原さんからのアドバイスがあったとか。

江原　よくご存じですね。

工藤　「あなたが赤ちゃんを抱いてる姿が視えるから絶対大丈夫」と江原さんが言って

くださったって。「それでね。子供がちゃんとできたのよ」と仰っていました。

大切にしたい「死後の人権運動」

鶴田　王様文庫の本が出たのが2001年ですか。江原さんはスピリチュアルブームの立役者ですよね。心霊現象や超能力、オカルトのブーム自体はそれ以前からもちろんありましたが。

江原　霊と言うと怪談を連想したり、〝キワモノ〟扱いされてしまう。だから私は、「霊」という言葉は一切使わないようにしたんです。どうしてもとらえ間違えられてしまうから。

工藤　霊と言うと、怖がられますからね。

江原　だから、霊と言わずに全部「スピリチュアル」にしたんですよ。もちろん、心霊学の本場であるイギリスに行っていることもあるんですけど、私の本では、「たましい」もひらがな表記にしているんです。だから、心霊から連想されるイメージを覆すところから始まったといえるでしょう。

鶴田　たしかに、イメージが変わったと思います。

江原　ありがとうございます。だから私は、テレビ局に対しても、〝垂れ文字〟は一切使わないでほしいと言ったんです。

鶴田　垂れ文字？　ああ、怪談とか心霊関係の番組などでよく使われる、血が垂れているような書体ですね。

江原　私は必要以上に怖がらせようとすることには意味がないと思って、垂れ文字を使うなら出ないと言いましたし、そのほかにもお札やロウソクを立てたりする演出もなるべくやめてくださいと言いました。

鶴田　きちんと戦ったんですね。

江原　そこは自負しています。私がイメージを変えたと。だから、個人的には何の恨みもありませんが、怪談を売りにしてきた稲川淳二さんに対しては思うところが……。

工藤　夏の定番で、あれも彼の商売のスタイルなんですけどね（笑）。

江原　一言で霊と言っても、いろんな種類がいますけれども、だからといって心霊全体を貶めるような扱い方はやっぱり認められません。
だから私は講演会でも、「あなたが、怪談話のような怖いもの扱いを受けたらどう思いますか?」と言います。ほとんどの霊はこの世に生きていたわけだし、「あなたも死んだらあんなふうになるんですよ」と。彼らはこの世に思いを残しているかわいそうな人たちです。だから私は「死後の人権運動」と言っているんです。

工藤　それはいいですね。霊にも人権がある。

江原　たとえば、血まみれの姿の霊が出るとしても、彼らは怖がらせたいわけではないんです。自分がこういうふうに死んでしまったということをわかってもらいたい。たとえるなら、子どもが転んで怪我をしてお母さんのところに駆け寄ってきても、それをお母さんが「大丈夫」と言えば、子どもは安心する。その時に親が取り乱したり、必要以上に驚いたりしたらいけないんです。

鶴田　私は小児科医ですが、まさにおっしゃる通りです。

江原　だから、悲惨な姿の霊が出たら、「ああ、そうやって死んじゃったのね、お気の毒に。でも、あなたは死んだのだから、もうこの世でつらいことはないからね」と声をかけると、すうっときれいな姿になる。

工藤　そういうものなんですね。

ポルターガイストが起こるしくみ

工藤　霊といえば、超常現象みたいなものはどう考えたらいいんですか？

鶴田　心霊現象は昔からさまざまなものがあります。よくいわれる「ポルターガイスト」は騒霊現象ともいって海外で多いんですが、日本でも２０００年に岐阜県富加町の町営団地で起きたケースなど、とくにマスコミに取り上げられて大騒ぎになりました。

江原　あの時は私も現地に行っています。

鶴田　場所は町営団地の４階の部屋で、誰もいない部屋から音が聞こえたり、蛇口から水が勝手に流れたり、棚にあるお皿やどんぶり鉢が飛び出して割れたり……。

工藤　えっ、そんなことあるんですか？

鶴田　その家には幼い兄弟が２人いて、ご家族は途方に暮れていました。

工藤　そのまま、そこに住んでいらしたの？

鶴田　はい。霊能者とか、いわゆる拝み屋さんが来ていろんなことをやったんだけど収拾がつかない。管理組合長の田中さんという方が頭を抱えていましたね。マスコミも押し寄せるし……。結果的にはだんだん弱まっていったようです。

工藤　今はどうなっているんでしょう。

鶴田　訪ねてみようかと思ったりするんですけどね。あの家の子どもたちが今は30歳くらいになっているはずですし。

江原　そう、子どもがいるというのが重要なところなんですよね。ポルターガイスト現象というのは、子どもが持つパワーをもとにして起こるんです。

鶴田　そういいますね。

江原　海外で有名なのが、1848年にアメリカのニューヨーク州ハイズビューという場所で起きたポルターガイストです。

その家にも幼い姉妹がいて、いわゆるラップ音から始まって、やがてその音を使って交信ができるようになり、霊とやりとりをしながら調べていったら、かつてその家で起きた殺人事件がポルターガイストの原因だったということがあったそうです。

工藤　佐藤愛子先生の別荘の場合もそうなんですか？

鶴田　たしかに愛子先生にもお孫さんがいるけれど生まれる前のことで、この場合はアイヌの怨霊が関わっていました。

江原　ちょっと特別なケースでしたね。

工藤　なるほど。そういえば、映画の『ポルターガイスト』とか『エクソシスト』も子どもが登場しています。

江原　映画だから大げさな演出もあるけれど、意外と心霊研究に基づいているんですよ。侮れないと思います。

工藤　子どもが関わっているのはどういうわけですか？

江原　子どもはみんな一種のエネルギーを持っていて、普段でもそのエネルギーが高じてかんしゃくを起こしたりするんです。それを「エクトプラズム」といって、それ自体は子どもに限ったものでなく、心霊現象を起こす物質にもなります。

工藤　そのエネルギーを子どもは多く持っているということですね。

江原　そうなんです。だから、子どもは疲れにくいし、このエネルギーを全部使い果たさないとなかなか寝ない。そうそう、心霊研究について知るには『エクスシスト２』がいいとよく勧めているんですよ。

工藤　ちょっと怖いな。

江原　怖いのは、『１』のほうなんです。これはグロテスクで怖い。でも、２のほうはあまり怖くないんですよ。そのせいか、あまりヒットしなかったんですけど。１で主人公を救ってくれた神父の過去を探っていったところ、アフリカの少年の悪魔払いをしていたことがわかる。そこから悪魔と対決することになって、クライマックスではイナゴの大群に襲われたりするけれど、要は悪魔憑きになった女の子が困難を乗り越えていくんです。

工藤　同じ女の子ですか？

江原　『１』と同じく、リンダ・ブレアが主演しています。誰かの力を借りて悪霊を祓うのではなくて、自分で乗り越えるというのがカギなんです。前作より少し成長していますし、そういう意味でも前作とは少し違うと思います。おどろおどろしいのが好きな人には、物足りないかもしれませんが。

霊と共存するために必要なこと

鶴田　子どもの頃といえば、工藤さんはノンフィクション作家として、いろんな方の評伝を書いていらっしゃるけれど、怪談エッセイも多いでしょう。それによると、子どもの頃からすごく霊体験が多かったと述べておられる。

工藤　そうですね。私は、自分に霊能力があるとは思っていないんです。それに、正直にいうと、こうした体験や能力のことをあまり知られたくないという気持ちもある一方で、書きとめておく必要もあると思っています。

鶴田　『もしもノンフィクション作家がお化けに出会ったら』（角川文庫）などを何度も読んでいるんですが、前書きのところで、カナダの友人から「ノンフィクションを書くなら、まず絶対に嘘を書いてはいけない。ここで話に手を加えたり、おもしろくなると思って盛ったりすることはいけない」「とにかく真実を書くという気持ちで事実を掬い上げる」ように言われたと書いています。

工藤　嘘を書かないこと、盗作をしないことを基本にしてきたというのは、本当にその通りです。

江原　すばらしい。

鶴田　そして、工藤さん自身の不思議な体験も、おもしろくするために〝盛ったり〟せず、自分の体験したこと以外は書かない、そして誰かがすでに書いたものを参考にするのも止めようと決めたということですね。

工藤　無意識に盗作してしまうのは怖いし、それは不本意でもありますしね。もうひとつ、重要なのがね、不思議な話を書く場合に無理にオチをつけないこと。

一同　（笑）

工藤　ありのまま書くのはいいけれど、「オチがないじゃないか」とよく言われるんですよ。心霊現象が起こる原因なら、ここは誰かが死んだところだとか、昔こういうことがあったとか書いてないと物足りないと。だからね、今度、ちゃんとオチのある怪談を書く予定なんです。

鶴田　それは楽しみにしています。先ほどの『もしも…』に収められている「知らない住人」という作品の中で、「人種に対する偏見がないのと同じように、私には霊に対する偏見もない」と書いていらっしゃる。

工藤　そうなんですよ。私は「怖い」とか、「かわいそうに」とはあまり思わないんですよね。そして相手が自分に攻撃してくるという考えもないんです。だから、これまで不思議な話を書いてこられたのも霊とケンカしなかったからじゃないかと思うんです。

鶴田　不思議な体験をしたからといって、大げさに話したりするのは嫌いだと。むしろ仲良く霊と共存できればそれで結構だとも書いていますね。

工藤　そうそう、目に見えなくても、自分たちより先にここにいた人がいるのかもしれない。だから、ここにいたいならどうぞって。

鶴田　江原さんもおっしゃったように、霊を化け物扱いしない、もともとは我々と同じ存在だったのが肉体のない存在になったというだけなんですよね。

戦時下を霊能力で生き延びた祖母

工藤　ぜひ伺いたいんですが、江原さんの霊能力は子どもの頃からですよね。どんなご家庭でいらっしゃったのですか？

江原　私の場合は遺伝的な体質によるものなんですけど、さっきのエクトプラズムではないですが、子どもの場合、誰でもある程度は霊能力を持っているんですよ。

でも、それに関して注意しなければいけないのは、状況によって二つに分かれることです。ひとつは正しき霊能の道であるけれど、もうひとつはその人の魂のゆがみが影響する場合があって。

工藤　誰かを呪うとか、そういう方向にいってしまうということ？

江原　実は子どもに霊が視える場合、母親との愛情問題がかかわっていることが多いと言われているんですよ。

工藤　ああ、そうだと思います。

江原　親に目を向けて欲しいとか、家族のトラブルから逃れたいとか、そうしたことがもとになっているケースがあって、その場合にはいくら能力があっても、仕事として霊能者になってはいけないんですよ。

鶴田　たしかにいろんな人がいます。中には独りよがりな能力の場合もありますから。

工藤　江原さんは前者で、家系的に授かったわけですね。

江原　私が聞いているのは母方なんです。ひいおばあさんはすぐれた霊能の持ち主だったそうです。たとえば、家の外で郵便屋さんの自転車の音が聞こえて、手紙が届くバサッと音がしたときに、「誰と誰と誰からの手紙だ」とわかったといいます。

工藤　すごい。生まれが明治くらいの方ですね。

江原　そうですね。ほかにも、たとえば息子が外でよくないことをして、怒られたくないから、それを言わずに黙っていても「お前は今日こういうことをしていた」と全部言われてしまったというんですよ。

鶴田　悪いことはできませんね。

江原　まさに。その血を引き継いだ祖母は戦時中、「霊能力があったから空襲を生き延びられた」と言っていいます。

工藤　お住まいはどちらだったんですか？

江原　今の東京の墨田区本所(ほんじょ)のあたりです。

工藤　下町なんですね。

江原　私はテレビとかの印象もあるのか、おっとりタイプに見られるんだけど、生まれは下町で、言葉も早いんですよ。

工藤　たしかに、早口でいらっしゃる。

江原　祖母から聞いたのは、ある時子どもたちを連れて防空壕に行き、そこはかなり大きな空間だったらしいんですが、不意に「絶対にここは出なきゃいけない」と思ったそうなんです。その場にいた人から「出たら死ぬぞ」と言われながら、「いいから出してくれ」と言って急いで子ども3人を抱えて出たら、そこに焼夷弾が落ちて全部焼けてしまったと……。そういうことが3回もあったとか。

鶴田　ああ、わかったんですね。

江原　そうです。私の母は霊能力を持っていないのですが、ただ、そういうことに関して一切否定しなかったんです。それが私にはすごく楽だった。

私の本に書いていますが、教室で後ろのほうの席に座っていると、前にいる子どもたちのオーラで黒板が見えづらいなんてことがあって、当時の私には何が何だかまったくわかりませんでした。周りからは変わった子だと思われて、何かあると親の愛情不足だとか、いろんなことを言うわけですよ、それで病院に連れて行かれたり。

工藤　ひどいですねえ。

江原　父は私が4つのときに病気で亡くなりました。その数日前、父がまっ暗な闇の中にいるのが見えて、怖くて一切近寄れなくなった記憶があります。

工藤　亡くなる前だとわかったんですね。

江原　父にはものすごくかわいがられたんですよ。姉とは7つ離れていまして、ようやく生まれた男の子だということで、いつも膝の上に乗せてくれたとか。お酒が好きで、いまだに覚えているのは、必ず一杯、幼い私が一升瓶からお酒をついであげていたことです。

工藤　かわいい。お父様は嬉しかったでしょうね。

かくれんぼで手をつないでいたのは──

鶴田　工藤さんも亡くなる人がわかったことがあるでしょう。

工藤　いや、そんなそんな。江原さんのような霊感があるわけではないから。

江原　霊能力というのは、現世ではいいことばかりとは限りません。わかってしまうというのは、悲しいことも多いですよね。

鶴田　江原さんもいろいろな体験をしていらっしゃるから。

工藤　不思議な体験と関係があるかはわからないのですが、私の家族はもうめちゃくちゃだったんですよ。

鶴田　お父様はベースボール・マガジン社という出版社を経営されていたんですよね。

工藤　父は昔、『野球界』という雑誌で編集長を務めていて、戦後『ベースボールマガジン』を作ったら大当たりしちゃって。それでお金がどんどん入ってきたわけです。引き合いに出していいかわからないけれど、『サザエさん』の原作者、長谷川町子さんと同じですよ。同じ頃にあの人たちも家族で姉妹社という会社を作って、すごかったわけですよね。

鶴田　時代を感じますね。

工藤　お金が入ってきたら父は愛人をつくって、その後に父と母は離婚するんですが、私の兄は3歳の時に日本脳炎を患い、重度の障害者になってしまったんです。全盲で左半身不随と知的障害もあって。

その後に2人目として姉が生まれた後、母はどうしても男の子が産みたいと言って、それで誕生したのが私なんです。でも女だったから、明治生まれの父は「何だ、女か」と言って抱きもしなかった。母はそれが悔しくて、繰り返しそれを言っていました。とにかく、ろくな子ども時代じゃなかったんですよ。

鶴田　それはつらいですね。時代もあるけれど……。

工藤　家では毎晩兄が暴れるし、母は朝から晩まで恨み事。また姉はなぜか私のことが大嫌いで、意地悪なことばかり言う。

江原　お姉さんとは何歳違いなんですか?

工藤　1歳半ぐらいしか違わないんです。姉が昭和23年で、私は25年の早生まれなものですから、学年も1つしか違わない。家の中ではひとりだけ、よしえさんというお手伝いさんがとても優しい人でしたけど、兄の面倒を全面的に見ていたから、私はあまり甘えられないし。だから不思議な現象を見ても喋る人がいなかったんですよ。

江原　子どもの頃の霊体験もあるんですか?

工藤　小学生の頃、かくれんぼなんかをしていると、「見つけた」と言って誰かの手を握るんだけど、目を開けると誰もいなくて、おかしいなと思ったり。あとは授業中、勉強は嫌いだから、ぼんやり窓の外を見ていると、授業中なのに子どもが歩いてたりするんですよ。

鶴田　視えているんですね。

江原　今の工藤先生はすごく明るくていらっしゃるけれど、子どもの頃はわりと孤独だったりしました?

工藤　誰も信用できない家でしたからね。父親にもときどきは会ったり、家に泊まりにいきましたけど信用できない。

鶴田　そのお父様は小泉八雲のコレクターだとか。

工藤　新潟の浦佐に池田記念美術館というのを作りまして、父が集めたものは全部そこに入れたんです。

鶴田　原稿から何からいろいろ……。

工藤　はい。主に手紙類でした。

江原　ご家族で霊能力のある方はいらっしゃるんですか？

工藤　いないんです。でも、今思うと、父は得体の知れない男で。パパのお父さんは何をしていたのと聞いても、絶対に言わないんですよ。

鶴田　お父様の出身は新潟でいらっしゃるんですよね。

工藤　新潟の魚沼に守門村というところがあって、そのあたりの出身だと聞いたことがありますす。ときどきお化けの話をしてくれたりするけれども、決して自分の話としては話さなかったですね。

「友だちがな」とか、「若い頃の下宿先で女の幽霊に首をしめられて」とか。新潟で汽車に飛び込んで自殺した女がいて、東京まで着いたら車体に腕がまだついていた、みたいな。「いろいろあるなあ」ってにやっと思っていたりして。まあ、煮ても焼いても食えないような狸親父でしたね。

江原　もしかしたら視えていた？

工藤　いやあ、そうかもしれないですね。

鶴田　しかし、興味深いエピソードが多いですね。

工藤　私は、全部原稿のネタにしてしまうから。いくら能力があっても、やっぱり江原さんみたいに、世のため人のために使おうとなさる方は偉いと思いますね。

忘れられない胎内の記憶

江原　世のため、人のためと思ったわけではなかったんですけど、私の場合、15歳のときに母を亡くしたことが関係しているかもしれないですね。

工藤　15歳ですか……。

江原　母は亡くなる直前に、「自分のことは自分で守るのよ」「与えることを喜びと感じられる人になって生きていきなさい」と言ってくれたんです。

工藤　いいお母様。

江原　不思議な話といえば、最初の記憶は母のお腹にいた時のことなんですよ。

工藤　それは三島由紀夫の『仮面の告白』のような。

鶴田　「産湯を使わされた盥（たらい）のふちのところ……」の状況を自分の目で見た記憶がある

という一節ですね。でも、あれは生まれてからの話で、江原さんの場合はご自身が生まれる前のことになりますよね。

江原　それが生まれる前のことだとわかったのは、父と母の夫婦ゲンカを克明に覚えていたからなんですよ。

工藤　お父様とお母様の？

江原　父と母の仲は悪くないけれど、ケンカくらいはするでしょう？　私はお腹の中にいるはずなのに、こっちに向かってくる父の顔の記憶があって。

工藤　すごい話ですね。

江原　判明したのは、私が3歳とかそれぐらいの頃。ケンカの一部始終をああだった、こうだった、あれが怖かったと、たどたどしくしゃべったらしいんですよ。もちろん信じてもらえなくて、全部7歳上の姉が吹き込んだのだろうということになりましたが、でも姉はそんなこと言ってないって。

工藤　不思議。

江原　だから胎教って絶対に意味がある。記憶や感情があるくらいだから。

鶴田　産婦人科医で、池川明さんという方が、「胎内記憶」というのを専門に研究していますね。

江原　ほかにも胎児の時の記憶があります。おそらくお風呂に入っている時で、温かくて気持ちがよく、自然と手足を伸ばしたりするでしょう。気持ちいいという感覚とともに、「あ、引っ張られる」とかいう母の声が外から聞こえる。

工藤　おもしろいですね。

江原　私も不思議でね、なぜこんな感覚があるのか、どうして外が見えるのか、それは母の視点を通すのかなとか、いろんなことを考えましたね。

鶴田　生まれてからも、子どもの頃は大変ですよね。霊能者はみんなそうみたいですが。

江原　「あそこのおばちゃんが死んじゃう」とか、悪気もなく言ってしまうんですよね。

工藤　視えてしまったら言うでしょうね。

江原　実は母が亡くなる前に、夢を見たんですよ。私は遺影を持っていて、お葬式に参加している。誰だろうと思ってみたら母だったんですよね。「あっ、母だ」と思って目が覚めて。それから半年でしたね。末期がんで帰らぬ人になったのは。

鶴田　ああ……。

江原　話が前後しますが、霊を視るようになったのは、まだ母が生きていて、私が小学校3年生あたりからなんです。交番の前で防空頭巾の親子を見かけて。でも私はわからないから、その親子に「何やってるの」とか話しかけたりしていた。

鶴田　空襲で亡くなった人ですか？

江原　そう、はぐれた家族が交番で待ち合わせをしていたらしいんです。気づくと、家までついてきたりするんですよ。そんな体験をした後は、なぜか熱が出る。それしかお祓いする道はなかったんです。

工藤　ついてきちゃうんですか。それはダメですね。家の前で「帰ってください」って言わないと。

江原　私も子どもでしたし、気づいたらふとんの脇に立っているんですよ。当時の私にはどうにもならなかった。

あとは、学校の授業でみんなで荒川に行って写生をしていると、どこからか声が聞こえるんですよ。女の人の声で「ちょっとちょっと」と言われて、行ってみると溺死体が……。

工藤　うわあ、見つかったんですか。それは怖い。

鶴田　家系とおっしゃったけど、お姉さんもそうだったのですか？

江原　姉も多少あったようですね。

かわいがってくれた父や祖父に守られて

工藤　鶴田先生のお宅も霊との関係が深いお宅だったのですよね。

鶴田　私は霊が視えるわけではないですが、ひいおじいちゃんが御嶽教（おんたけきょう）という神仏混合の信仰の修行に取り組んでいました。とくに病気治しのお加持（かじ）という、一種の心霊治療を専門にやっていたと聞いています。父も熱心に修行していたので、家では毎月、降霊会が行われていました。

工藤　霊の世界が身近だったわけですね。

鶴田　父方の祖母は離婚したので、ひいおじいちゃんが親代わりとなって僕の父親を育てたのです。父から見ると祖父ですが、父は祖父を非常に尊敬していて、戦前の師範学校は月謝代がかからなかったこともあって、それで父は教員になったんです。

工藤　優秀でいらしたんでしょう。

鶴田　父は教員になっても、病気治しをやっていました。病気の子どもの写真を持ってきて、その写真にお加持をする。

江原　大らかな時代ですね。

工藤　お加持というのは、どのようにされるものなんですか？

鶴田　修験道の作法で、たとえば「九字を切る」といいますが、九文字の呪文と印を使った祈りの作法があるんです。

工藤　ご自宅では降霊会も。

鶴田　私はそれが大好きで、よく父たちの後ろに座ってみていました。霊媒と審神者(さにわ)がいますが、審神者というのは霊媒に降りてきた霊を視きわめて、説得をしたり、祓ったりする役割があります。御嶽教では、霊媒を中座、審神者を前座と呼びます。

工藤　本格的な儀式ですね。

鶴田　本物の審神者は、降りてきたのが何者かを視るわけです。たとえば「わらわは◯◯霊神じゃ」などといわれたら、本当の神かどうか、レベルが高いか低いか、嘘を言っていないかどうかを見抜く必要があります。

歴史的にいうと、『古事記』や『日本書紀』に登場する武内宿禰（たけのうちのすくね）とか、平安時代初期の和気清麻呂（わけのきよまろ）とかがそうで、祭祀で神託を受け取って伝える人のことを審神者といいます。

工藤　なるほど、神話の世界ですね。

鶴田　御嶽教の場合は相手が一方的に◯◯大権現などと言ってきたら、「へへ〜」と敬ってしまうから、本当の意味の審神者ではないのかもしれない。でも霊媒は、霊的な存在が降りてくると、目を閉じていてもわかるんですね。

そして降りてきた霊は、霊媒が知っているはずのないことを言う。「この間は参拝してくれてありがとう」とか。そういう場面を小さい頃から何度も見ているので、霊がいることは疑わないですね。

江原　実際に見聞きしているわけだから。

鶴田　父は、私が高校生の時に突然亡くなりまして。まだ43歳でした。いまの私は年齢的にはもうすっかり父を追い越してしまいましたが、いつまでたっても父のことを思うんです。子煩悩な優しい人でしたが、障害を持った子の教育をやっていたと母から教えられて。それで私も小児科医を選んだんです。

江原　お父様は愛情深い人だったのですね。

鶴田　それと、私が2つのときに亡くなったひいおじいちゃんは私のことを溺愛してくれて、たしかな記憶はないんだけど、亡くなる間際、子どもの私が「おじいちゃん」と呼びかけると必ず答えてくれたというんです。

振り返ってみると、私は、そんなに優秀な成績でもなかったし、かといってすごく努力したわけでもないのに、幸運にも医者になれたことを思うと、ひいおじいちゃんの導きだと思います。こうして心霊の世界に関わっていることもそうです。私は視えないし、聞こえないけど、それは感じますね。

工藤　ひいおじいさまもきっと喜んでおられますね。

第2章

彼らがそこにいる理由

橋の上でしがみついてきたのは

鶴田　２０２３年の２月頃ですが、用事で京都に行ったときのことです。八坂神社にお参りした後、橋の向こうにおいしいハンバーグ屋さんがあるからと河原町方向へ向かって四条大橋を渡っていたら、急に気分が悪くなったんです。

これはおかしいと思って、もし倒れてどこの誰なのかがわからないと困るだろうとか、これは一体どこか悪いのかなど、いろんなことが頭をよぎりましたが、同時にこれは病気じゃないなという感覚もあって異様な感じだったんです。

工藤　なにかが憑いたんですね。

鶴田　場所が京都の河原町でしょう。それに私も長く心霊の勉強をしているから……。

工藤　わかってくれそうな人だと思うんですよね、向こうも。

鶴田　これはしがみつかれたなと思って、工藤さんが本に書いていらっしゃったのを思い出して、「私はいま何もしてあげられないので、ごめんなさいね」と心の中で言ったらすっと離れた。

工藤　役に立って何よりです。不意に異様な感じがすることってありますよね。

鶴田　落ち着いて本心で伝えればわかるのだと実感しました。江原さんもおっしゃったけど、霊は決して恐ろしいものではなく、もともとは我々と同じような存在だったということ。敵視する相手とは限らない。

江原　そうなんです。その上で知っておきたいのは、霊がたくさんいるところは、人も多いところです。だから、東京でも繁華街はだいたい寺町ですよ。新宿でも六本木でも、意外にお寺が多くてお墓もあるでしょう。

鶴田　京都も寺が多いですからね。

江原　また京都でも三条河原のあたりは昔、よく首がさらされたところだから。

工藤　歴史的に。

江原　みんな楽しげに観光しているけど、ここって実は……という場所はいろいろありますよ。それに、繁華街では、お酒を飲みたい霊もたくさんいるわけです。霊からすると、人に憑依すればお酒が飲める。

鶴田　それで私はやられたのかな（笑）。先斗町（ぽんとちょう）にね、昔一度ご一緒したんだけど、司馬遼太郎さんがお好きだった割烹があるんですよ。昼だったからそこに行くつもりはなかったんだけど、あそこでまた飲みたいなと思っていた。

江原 霊からすると人の体を使わないと、飲んだり食べたりする楽しさは味わえないんですよ。だから人に寄るしかない。

工藤 それで来るんですか。

江原 そう。気の毒にも霊的な性質がありすぎるために霊に憑かれて、それで酒乱になってしまう人もいる。よく、一定量を超えると目つきが変わる人がいるでしょう。

工藤 ああ、たしかにいます。

江原 憑依された人の特徴は、まばたきをしなくなります。

工藤 〝目がすわる〟って表現がありますね。

江原 そうです。その人じゃなくなるから。いろんなタイプの人がいますけど、人が変わってしまうようなのは、酒乱というより憑依です。

工藤 どうすればいいんですか？

江原 その場合は断酒しかないんですよ。飲むことを忘れるしかない。

工藤　憑依されたくなかったら飲まない、ですね。

江原　だから、鶴田先生みたいに楽しく飲めるのは幸せなことなんです。そうでない人は本当に気の毒ですよ。酒乱になってしまうなんて。

鶴田　そうですね。意外と本人はそんなにお酒が好きなわけではないといいますね。なのに、飲みだすと止まらない、それで覚えていない。

江原　もしくは遠い意識の中にあるとか。それは招霊と一緒です。自分の体を貸してしまって、遠くの方でそれを聞いているような状態です。

工藤　よくお酒を飲んだ人が事件や事故を起こすじゃないですか。それで覚えていないとか。何とぼけたこと言ってるんだろう、と思っていたんですけど、それは霊に憑かれていたからなんですね。

混乱の元凶は霊だった？

江原　世の中には心霊現象というものを理解しないとわからないことがあります。

アメリカで1950年代に暴行事件を起こしたビリー・ミリガンもそう。ダニエル・キイスが書いた『24人のビリー・ミリガン』（ハヤカワ文庫）やドキュメンタリー作品で知られていますが、彼は多重人格だといわれています。

工藤　裁判で証言した映像もあるんですって？

江原　そう。招霊実験を現実の法廷でやっていたようなものです。子どもになったり、女性がでてきたり。年齢、性別、国籍、性格まで多岐にわたっている。出てきた、〝人格〟の弁によれば髪の色が違う者もいる。明らかに憑依によるものです。

鶴田　精神医学でいうと、解離性人格障害と診断されるケースです。

江原　おもしろいのは、〝人格〟たちの中に自分は「教師」だと名乗る者がいて、「統合されたビリー」だと主張したりする。私に言わせれば、それは守護霊で、他のものを浄霊したり、除霊してコントロールする。

工藤　ビリー本人以外に、23の〝人格〟というか、霊がいるということですか。

江原　完全にあれは心霊現象ですよ。

でも、かわいそうだと思うのは、彼の場合、そもそもの原因は虐待なんですよね。子どもの時に実の父が自殺して、その後、義理の父からベルトで叩かれたり、性的なものも含め、ひどい虐待を受けていた。それで自分を守るために現実逃避をしたわけです。要するにそれは「離魂」で、体から魂が離れるほどだったのです。

鶴田　まさに解離性といわれるだけあって、本人が不在というわけですね。

江原　ビリーの体はいってみれば空き家ですから、そこにどんどん他者が入り込んだ。それで自分を防御するしかなかったというかわいそうな状況にあったんです。

鶴田　この世の精神医学では虐待やトラウマも精神面で見ていくわけですが、精神科医の中でも、これは霊的なものだとしてとらえるグループもあるんです。

たとえば、東京の新宿区で「早稲田通り心のクリニック」を開いている小栗康平さんなどは、そういう解離性人格障害に対して、有能な霊能者に霊を移し、状態を聞いて説得するということをしていました。

工藤　まさに審神者ですね。

鶴田　もともと、アメリカのC・A・ウィックランドという精神科医が30年にわたり、妻を霊媒として霊と交信する形で異常行動を起こす患者の治療に取り組んだ『迷える霊との対話』（ハート出版）という本もあるんですよ。

小栗先生に話を戻すと、治療をしているうちに、有能だと思っていた霊媒がおかしくなってしまったんです。

その後は、解離性障害の治療に使われる「ＵＳＰＴ」（Unification of Subconscious Personalities by Tapping Therapy）という手法で、体をとんとんと叩く「タッピング」で別人格を呼び起こす、つまり心霊的にみれば憑依霊ですが、それで統合させるという治療をやっていらっしゃるようです。

霊を視極めるために必要なのは

鶴田　また、ウィックランド博士のことを非常に尊敬していて、精神的におかしくなった人、つまり霊障に苦しむ人を救おうとしたのが、日本心霊科学協会でも長く活躍された大西弘泰先生でしたね。それこそ佐藤愛子先生が巻き込まれた心霊現象の時にも非常にご尽力されました。

江原　私の師匠である寺坂多枝子先生が霊媒となり、大西先生が審神者として霊の説得に当たられたことが何度もありましたよ。大西先生はまさに審神者の第一人者でした。

鶴田　大西先生は１９０４（明治37）年生まれで、あの現象が起こった頃はもう80代でしたが、私も助手を務めることが何度もありました。霊といっても日本で多いのは「狐霊」と言って、キツネ憑き、いわば自然霊です。

工藤　佐藤愛子先生はしょっちゅう、キツネ、キツネと仰っていました。

鶴田　愛子先生は狐霊で大変苦労されましたから。あの時はたくさんの霊能者が関わったけれど、大西先生は早い時期にあの現象と闘った方ですね。

審神者というのは大変な力がいるんですよ。それでいうと、多大なる貢献をされた大西先生と比べるのは何ですが、最近は大西先生のような肝の据わった審神者がいないように思うんです。

工藤　なかなか難しいんですね。

鶴田　それで今度、江原さんに日本心霊科学協会の審神者になっていただきたいと思って、お願いして就任して頂けました。

江原　鶴田先生も助手をされたり、ご自身が審神者を務められたりしているのでご存知だと思いますが、審神者というのは、場合によっては何人かのグループで取り組むこともありますよね。なぜかというと、霊能力だけでなくいろいろな知識も必要になるから。

工藤　降りてくるのが自然霊だったり、いろんな場合がありますから、それによって対応が異なるのでしょう。

江原　たとえば、古い時代の霊が出てくると、当然昔の言葉で話し出したりします。だからある程度昔の言葉がわからないとどうにもならない。あとは歴史とか、文化・風俗も。

工藤　知ってないと対応できないんですね。

江原　そういう知識のある人が一緒にいないと、いくら審神者が霊的なものを視て、降りてきたのがわかったとしても、言っていることが真実かどうかを内容から見極めることができません。

昔は協会にもそういう先生方が多くいらっしゃったから、霊が出てきてもそれが本物なのかどうか、たとえば狐霊が嘘をついて出ているとか、一緒に見定めていけたんです。つまり心霊現象でも、それが本物の場合と嘘の場合があるんですよ。
さらに、降りてきたのは本物だけど、言っていることが本当かどうかということもあります。そうすると、相手がそれらしいことを言い出しても、「あなたはどういう時代にいたの？」と少しずつ聞き出したり。

工藤　ただ聞くだけではないんですね。

江原　いろんなポイントがあって、たとえば「私は◯◯時代の霊です」なんて言い出したらだいたい嘘なんですよ。その時代の人は、◯◯時代なんてわからないはずだから。

工藤　平安の人は、自分がいたのは平安時代なんて言わない。

江原　だから、ときには誘導尋問みたいにして引っ掛ける。そのための知恵も必要です。

工藤　疑う気持ちもないといけないのですね。

江原　だから、こういうことを本にするのもどうかと思うぐらいなんですよ。要するに、そういう情報を得てそういうインチキをやる人、嘘をつく人が出てくる可能性もあるわけでしょう。だから種明かしするのは怖いところもあるんだけど、でも、それさえも超えて見抜かないといけない。たとえば、あなたはどういう食事をしていましたか、とか。

工藤　なるほど。

江原　あとは、「足袋を履いていましたか？　素足ですか？」とか。それによって時代がわかるんです。鎌倉時代だとまだ素足ですよね。足袋は江戸時代からだから。そういうところから突いていくこともあります。

工藤　それで霊は答えるんですか？　素直に。

江原　そうですね。昔、よく大西先生が審神者をされていて、「お前は嘘だ！」と見破ると、出てきた狐霊とかが「バレたか」なんて言い出したりします。

工藤　へえ。すごい。

鶴田　降りてくると、最初は神の名前を名乗ってくることが多いんですよ。

江原　「わらわは○○霊神じゃ」とかね。

鶴田　いろんなケースがありましたね。私は「審神者向きだ」といわれたので、いろいろ勉強もしてきました。大西先生は名古屋でも霊媒を何人か養成していて、門下に伊藤なみ江さんという優秀な霊能者がいらっしゃいました。

伊藤さんの弟子の霊媒で招霊して私が審神者をしたのですが、出てきたものが「自分は高い位の存在である」と言ってきたんです。低級の霊ではないのだとしきりに言う。
工藤　それが本当かどうかですね。
鶴田　それで、つい私が「本当に位が高い人は自分で言わないのではないですか」と言ってしまったんです。そうしたら急に「何を言うか、お前～！」と怒り出して、あとは何を言っているかわからない、泣き喋りというのか、収拾がつかなくなってしまって。そうなると、もう一向にそこから去らないんですよ。
工藤　それは大変な……。
鶴田　そこで伊藤さんが「まことに申し訳なかった。この審神者は未熟なものでございまして。あなた謝りなさい」とひたすら謝って、やっと出て行ってくれたんですが、そんなこともありました。30年以上前のことですけどね。
江原　ただの実験のことも多いですし、いろんなパターンがあります。でも、霊障を起こすような場合はやはり解決してあげたい。なるべく浄霊まで持っていきたいところです。
工藤　できるんですか？
鶴田　そのために降霊させるんですからね。でも、大西先生は本当に上手で、相手が嘘を言っているとわかっても、「ああ、そうですか、あなたは立派な方ですね」とか言って上手に誘導して、最後に「バレたか」といわせる結末になったりするんです。

工藤　見抜かれると、相手はどんな顔になりますか？

江原　私が視た中で言うと、先に鶴田先生が言われたケースの霊は怒ったでしょう？そうじゃなくて、突然気が狂ったように笑ったりする。ハーッハッハッハってね。

工藤　うわあ、怖い。

江原　ちょっと気持ち悪いというか。

歌うことと霊を視ること

江原　だから、私がよく言うのは、霊能と霊能力は違うということです。

工藤　まったくそうですね。おっしゃる通り。

江原　実際、霊能を持っている人は山ほどいるもんです。

工藤　私にはないと思うけれど。

江原　それをどうコントロールして、どこに使うか。だから、やはりそれは〝能力〟として活用すべきなんですよ。

鶴田　不思議な経験をしたり、視たり感じたりする人は多い。だけど、適切にコントロールできなければ困るわけですね。江原さんだって、始終視えたら困りますよねえ。

江原　いや、始終視えるんですよ。状況によるけれど。

鶴田　ふだんはコントロールしているんでしょう。

江原　霊能の入り口というか、回路のようなものを普段はだいたい閉じているんですけど、私も人間だから、ふとした時にパカって開いてしまうこともあるんですよね。疲れている時とか、霊能を使った後は回路ができてしまっていて。そうすると、視なくてもいい時に視えてしまうこともあります。

それと、私はオペラで朗々と歌うじゃないですか。そういう歌い方と霊を視ることとは、私の場合よく似ているんですよ。

工藤　どういうところが？

江原　鼻歌とは違って、いきなり歌うことはできないんですよね。適度な発声練習をして、のどを開いて温めてから歌う。そうしないと喉を壊してしまうんですよ。自分の体を楽器にするようなものだから。

工藤　エンジンを暖めるみたいにするのですか。

江原　不思議に思われるかもしれませんが、私にとってはそうして歌おうとするのと、霊を視ようとすることとは似ていて、一種の〝構え〟が必要なんですよ。だからいつも視える、歌えるというわけではなくて、そうして整えると、歌ったり、霊を視たりすることができる。それがちょっと似ているんです。

鶴田　体の使い方というか、意識の向け方というようなことでしょうか。コントロールにはトレーニングがいるわけですね。

工藤　私は真逆でね。視ようと思っても視えないけど、渋谷のまちなかを歩いていた時に、兵隊さんの格好の人が地面を匍匐（ほふく）前進しているのが視えてしまったんですよ。最初は、何やってるんだろ、この人と思って、パフォーマンスかなって思ったら、歩いてる人がみんな知らん顔をしていて。当人たちは必死な顔してやってるんですよ。戦場にいるみたいに。

江原　その時は、どんな用事で行かれました？

工藤　洋服を買うとか、食材を買うとか、覚えていないようなことですね。

江原　その時、一瞬、集中したんですよ。何かを買うとか、ピッと意識を集中して見定めようとか、女性ならではの集中力を使ったことで、スイッチが入ったんですよね。

工藤　スイッチですか。自分でスイッチを切り替えられたらいいけど。

江原　それも慣れですね。私が思うのは、視るつもりがなくて視えるとしても、人の格好をした霊はもともと人間で、私たちと同じなんです。そういう霊に対する恐怖心というのは、まったくないわけじゃないけれど、あったとしても対人恐怖に似たようなものですね。

だから、社交的で誰とでもオープンにできる人なら、急に霊が出てきて、それが視えても敬意をもって接すればいい。すでに話した通り霊だから怖いとは限らなくて、むしろ人間の怖さというのもあるわけだから。

工藤　人間は怖いですよ。

江原　それから、怖いのと、びっくりするのは違うんですよ。目の前に何かが急に飛び出してきたら、それが何であっても驚くでしょう。霊の場合は次元を超えているわけだから、「なんでこんなところに立っているの」みたいなこともあるけど。

工藤 出会いがしらに。

江原 霊の場合、血を流しながら立っていたりするのは、亡くなった状況を表しているわけだから「ああ、お気の毒に」と思うけど、怖いというのは違う。霊と一緒にしては申し訳ないのですが、鶴田先生は苦しんでいる患者さんが来られても怖いとは思わないですよね。

鶴田 それが仕事ですからね。

江原 患者さんに対して怖いと思うことはない。霊に対してもそれと同じなんですよ。心霊についてある程度の勉強をしたら、じっとたたずんでいる霊に出会った時、「ずっとそこにいてもしょうがないよ」とか、冷静に説得するだけです。そこで霊に「自分は事故に遭って」と訴えられた時にあまり過剰に反応すると、向こうも困ってしまう。

何が言いたかったのかというと、いろんな状況はあるけれど、基本的には霊能をコントロールして使うのが霊能力で、霊は決して怖いものとは限らないから尊重すればいい。

工藤　そうですね。人として冷静に。

話しかければ、霊に伝わる

鶴田　いやあ、工藤さんは落ち着いていらっしゃいますよ。興味深いお話をたくさん書いていらっしゃるし。僕が印象深いのは「もしノン」（『もしもノンフィクション作家がお化けに出会ったら』（角川文庫）の中の「坂の途中の家」とか。家の裏に細い坂道があって、道を歩く人の様子がよく見えるという話がありましたね。

工藤　そうなんです。坂があって、きれいな石塀だったんですよ。ところが、その道というのがどうもいわくつきの道だったらしくて、なんか戦時中のような格好のおじいさんが通ったり、真夜中に子どもがいたりして。

江原　子どもがですか。

工藤　状況をご説明すると、子どもが4、5人いるご家族が引っ越してきて、お母さんがよく子どもを引き連れて歩いていたんですよ。ところがある日、なぜか1人多い。あれ、1人多いなと思って、最初はお友達かなと思ったんですよ。そうしたら、夜になっても、その子が1人でそこにいる。

江原 あらら……。

工藤 それでも、あの子だけ、親が働いていて帰りが遅くなるのかな、と思ってたら、真夜中にも鞠をつきながらいたりする。しかもお正月の時もあって。

江原 それはかわいそうに。

工藤 遠巻きに、「おばちゃんは何にもできないからごめんね」と言うしかなくて。

江原 何にもできないというのはね、いわゆる「ノミのサーカス」みたいなもので、フタをしてしまうと、それ以上ノミは飛ばなくなると言います。逆に、「できる」と思えば対応できると思いますよ。霊も人間だったわけだから、「どうしたの」と会話するとちゃんとわかるんですよ。

工藤 なるほど……。

江原 私に言わせれば、生きている人間の方がわからない。みんな頑固だし。

工藤 あはは。たしかに。

霊と話をするときの3つのステップ

江原　ほとんどの霊は、決してこちらを驚かせようと思っているわけではなくて、彼らも困っているんです。

鶴田　わかりあおうと思うなら、本心で思ったり言ったりすれば伝わるということですね。

江原　それで、話をするときには、必ず3つくらいのステップがあるんです。第1ステップは、まず「自分が死んだことをわかっているか」を聞く。

工藤　それは口に出して聞くんですか？

江原　心から思ってもいいし、テレパシーでも。

工藤　うんうん。

江原　第2は、「どうしてここにいるのか」を聞く。たとえばお母さんを待っているのかもしれないし、何かしらの事情や理由を言います。何かの事故でこんな姿になっちゃって、「帰るに帰れない」と思っているなら、「それは思い込みだよ」と言って、「もう肉体がないんだよ。血なんか流れてないからよく見てごらん」と言うと、「あっ本当だ」と気づきます。

工藤　優しい。

江原　最後の第3は、「よく見てごらん。絶対に迎えがきているから」と周りを見渡してもらう。この3つのパターンを覚えたら、もし出会っても怖い思いをすることはないですよ。

鶴田　未浄化な霊というのは、自分が死んだことをわかっていないんです。通常は死んだことがわかると必ずお迎えがくるんだけど、自分が死んだという自覚がもてないでいると、お迎えもこないんですよ。

江原　そうそう。だから気づいてもらうことが大事です。その上で、「落ち着いて、よく周りを見渡して。誰がいる?」と聞いてあげると、ちゃんと誰かしらを見つけて「あ、おばあちゃん」とか、「お母さん」とか必ず見つけられます。

工藤　生きている人と同じですね。

江原　そう。プロとして言うなら、それこそ大西先生ではないけれど、「じゃあ呼んであげるから、一番会いたいのは誰？」と聞いて、「お母さん？　そう、お母さんの名前なんて言うの？」と聞いてあげたりします。

それで、「どう、来た？」と言っているうちに、霊が「来た！」って言います。そうしたら「お迎えについて行って。ほらほら、行きなさい」と促すと、うれしそうな顔になる。それで、よかった、よかったということになります。

工藤　そんなご経験、何度もありました？

江原　ずっと、そういう人生です（笑）。

すさまじい憑依には「鏡を見なさい」

江原　これまで、いろんなテレビ番組に出演したり、私の本がドラマ化されたりしていますけど、そういうものをどんどんYouTubeに上げる人がいるんですよ。本当はダメなことなんですが、検索するといろいろ出てきます。

工藤　過去のテレビ番組とか、いろんなものがありますよね。

江原　もうだいぶ前のことですが、朝の情報番組で心霊現象が起こったり、霊が憑依しているお宅に行って、本物の除霊をやっていた企画があるんです。それがYouTubeで観られたりするのですが、よく除霊の時に使っていた手法があるんですよ。

これは私の師匠のメソッドでもあるけど、憑依をされている人に対して、「鏡を見なさい」と言って、実際に鏡を突きつけます。これが効くんです。

工藤　鏡を？

江原　たとえばあるケースでは、息子が長く引きこもっていて、家の中で心霊現象みたいなことがひっきりなしに起きていて、それで来てほしいという依頼だったんです。

工藤　おもしろそう（笑）。

江原　それで行ってみたら、まともなのは引きこもっていた息子ひとりで、ほかの家族全員が憑依されている家だったんです。

工藤　えっ？　どういうことですか？

江原　要するに、その息子はまともな感覚をもっていたから、自分を守るために閉じこもっていた。家に行ってみると、お母さん、お父さん、応募してきた娘さんも妙にヘラヘラしているんです。

鶴田　おかしくなっているんですね。

江原　ああ、これは大変だと思いました。スタッフとか、番組のディレクターに、「このお宅は息子が一番正しくて、あとみんな憑依されている」とこっそり伝えて。

工藤　うわ、やっぱり怖い。

江原　実は家の前に着いた時点で、かなり古い時代の女の人が子供を抱いて窓からこっちを見ているのがわかった。付近にお侍さんもいたりする。それで、近所の人にこの地域について聞くと、もともと戦場とか古墳があった場所だと。

それを聞いて、ああ、やっぱりと思いながら家に入ると、心霊現象を解決するために行っているのに、お母さんは鍋いっぱいにおでんを作ったりしているんです。

工藤　どんなおうちなんですか？

江原　家は普通なんですよ。三階建てでしたね。

工藤　お父さんはちゃんと働いているんですか？

江原　そうです。どこから始めようかと考えていたら、娘さんが「何がおかしいんですか」と言うから、「息子さんの方が正しくて、あなたにも……」と言った途端に、「ギャー！」って始まってしまった。それでいきなり倒れて、ああ〜って暴れ始めて。

鶴田　わあ、来ましたね。

江原　それで私が急いでスタッフに「鏡ある？」と聞いて、それを倒れている本人に向けて「ほら、鏡を見てごらん！　あなたじゃないよ」と言ったら、見るなり「私じゃない。私は違う、もっとかわいい顔してる！」なんて言う。

工藤　見たかった。

江原　でも、霊はなかなか離れなくて、いきなり「私の子、私の子」って言い出すんですよ。窓から、子どもを抱っこしていたのが視えていたと言ったでしょう。それで「子供の名前は何て言うの？」と聞くと「さよちゃん！」とか叫んで。それで私は「あなたたち、浄化しないとダメなんだよ。ここにいたって何にもいいことないから」と順に説得していって、最後は無事に浄霊したんです。その一部始終が放送されたんですよ。

工藤　娘さんに憑依していた人はいなくなったんですか？

江原　家の中の憑依霊は浄化させたので、その番組はそこで終わりました。その後、息子さんも部屋から出てきて、働きに出るようになったと聞きましたね。

鶴田　霊障というのは結構多いでしょう。それでも、個別の事例ごとに霊と渡り合って納得させていくしかないですね。おそらく、死んでいることもわかっていないわけだから。

江原　そうなんですよ。このケースをお伝えしようと思ったのは、鏡を使うというのがとても有効だからなんです。日常生活が送れなくなるような深刻な霊障でなくても、霊の影響を受けていることが結構あります。

たとえば、なんとなく鏡を見るのが嫌な時とか、あるいは鏡を見て、なんか自分じゃないなと思うときは気をつけなきゃダメだよと言っています。

工藤　憑依でなくても。

江原　憑依というと怖いと思うでしょうが、深刻なものばかりではなくて、私たちは日常的に軽い憑依を受けていたりするんですよ。

普段だったら「いいよ」と言えることが、突発的に「ダメ！」と言ってしまったり、自分らしくない言動をしてしまったり。そういう時は、何かの霊の影響を受けている場合がありますす。私たちの周りには死んだことに気づかない霊たちはいっぱいいますから。

そんな時に鏡を見ることだけでも、簡単な除霊になる。それは「我に返る」ということです。そんなつもりはないのに、ちょっと自分らしくなかったなと思ったら鏡を見ると、ふっと我に返る。知っておくと便利だと思います。

人は裸であるという思い

江原 もうひとつ付け加えると、いまのケースもそうですが、審神者がするみたいに霊を説得してわからせるのは「浄霊」で、正確に言うと「除霊」とは違う。除霊は祓うだけ。

工藤 浄霊は清めることですね。だけど、説得だと考えると、対峙する自信がないとできませんね。

江原 そうですね……。私は若くしてこの道に入って、やるしかなかったのですが、思うのは、いつも裸であるという自負を持つこと。それがないと戦えません。

鶴田 霊に対しては、逃げも隠れもできませんからね。

江原 大西先生が本当にすごいと思うのは、霊に対して「やれるものならやってみろ」

と言い切っていたことです。「私は嘘も何も言っていない」と啖呵を切って。それをたびたび見てきたから、私も見習わなければいけないと思ってきました。

鶴田　江原さんにとっても大きな存在だったんですね。

江原　「そんなに言うんだったら、どうぞ連れて行きなさい」と。「私は死ぬのも怖くないし、やってごらんなさい」なんて、なかなか言えないですよ。

工藤　そうおっしゃったんですね。

江原　「ただ、あなたにそんな力はないでしょう」とも言う。ちゃんと相手の力量を見抜いて言うんです。

工藤　すごい度胸の持ち主ですね。

江原　霊に対して、まさしく全身全霊で立ち向かうことが必要ですが、こちらもひとりではないし、そこに対する信頼関係もあるから言えるんですよ。

鶴田　そう、守ってくれる背後霊団が一緒にいるから。

工藤　なるほど。霊界の味方もいるわけですね。

鶴田　それを感じるから、自信を持てるということもあるんですよ。

霊にも種類があって、招霊する時は霊媒に支配霊というのがまずかかる。私が大西先生の助手としてついていた時、大西先生はどこにどんな霊がいるのかをちゃんとわかっていらっしゃいました。私はその場に立ち会っているだけのこともあったけれど、先生は私についている背後霊にも必ずあいさつをされました。

工藤　いわば、チーム戦なんですよね。

鶴田　それと、動物霊に対立するときも決してひとりではやらない。必ず助手を置く、それは相手が攻撃をしてくるからです。

江原　危ないですからね。でも、立ち会っただけなんておっしゃるけれど、それはそういう役割にも意味があるということです。

それに、こんなにおだやかで公明正大な鶴田先生も、必要に応じて、患者であるお子さんのお母さんを叱ることもありますよね。

鶴田　仕事でね。それは子どものために、必要であれば怒ることもあります。言ってもわからない人もいるし。でも、ここ数年はあまり怒らなくなりましたけどね。

江原　霊でも人でも、中途半端な気持ちで接してはいけないのは当たり前で、本来それは誰に対しても同じこと。誠意を持って接することですよね。

だから、日々審神者だといえるのではないでしょうか。鶴田先生だったら、医師として子どもに話す時は、子どもの目線になって考えないといけないでしょうし、私だっていろんな人と話す時にわかってもらえるように心がけて話しますよ。

審神者は、人の気持ちをどれだけくんで、それを変えてあげられるかが大事だから、名カウンセラーでなければダメなのかなと思います。

生き霊はぶつけて落とす？

鶴田　霊と言っても、工藤さんは生き霊のこともよく本に書いていらっしゃいますよね。心霊より、生き霊のほうが怖いとかね。

工藤　そこにいるはずのない人がいる、ということがあります。実はちょっと妙な話もあって。昔、私には、とても好きな人がいたんですね。若い頃のことですよ。でも、その人は他の女の人と結婚してしまったんです。それはしょうがないことで、別に婚約していたわけでもないんですけど。
私のことをいい友達だと向こうは思っていて、ある日電話があって、「昨日銀座を歩いていたでしょう」と言うんです。私は覚えがないから「いや、歩いてないよ」と言って。本心では（お前に対して文句を言ってたわよ！）なんて思いましたけど。だけど「本当におかしいなあ。確かにそうだと思ったんだけど」と言って……。

江原 あ、もしかして自分が生き霊になってしまった？

工藤 そうみたいなんですよ。また1週間後くらいに、今度は「あのさ、ホテルオークラに泊まってた？」と言われたんですよ。私は都内に家があるんだし、ホテルオークラなんて泊まるわけがないでしょう」と返事をして。

鶴田 まさかの話ですね。

工藤 そうしたら、「僕は用事があって、知り合いが泊まっていたホテルオークラの7階だか8階だかに行ったら、ちょうど美代子が隣の部屋のドアを開けて出てきて。声をかけたのに、知らん顔で歩いて行っちゃった。なんか怒ってる？」とか言うんです。怒っているに決まってるでしょ、と言いたかったけど、私にもプライドがありますから、言葉にはしなかった。でも、そんなことが4回くらいあったんです。

江原　やっぱり、念の力がお強いってことですよ。そういうのを「複体」とか「ダブル」と言います。

鶴田　ドッペルゲンガーですね。

工藤　でも私は、陰湿に誰かを恨んだりしないですよ。

江原　理性の部分では言わなくても、心の中にはあったのかもしれません。たとえば『源氏物語』の世界です。お読みになっていらっしゃいますか？

工藤　光源氏の妻を呪い殺した六条御息所ですか？　いまの時代にそんなことって……。

江原　あります。あります。平安時代には珍しくなかったのかもしれませんが、いまだって結構あるんですよ。でも、まさか自分が生き霊になるというのは、それはショックですよね。

鶴田　これも本に書いていらっしゃったけど、生き霊に憑かれたらどうしたらいいかを教えてくれるお知り合いがいるんですか？

工藤　そうなんですよ。ご高齢で、元華族のお家柄です。だから皇居内のお化けの話もよくご存じで。すごく霊能のあるおばあさまです。生き霊に恨まれたり、霊が憑いていると思ったら、人混みに行って、ぶつかりなさいって。

江原　えっ、ぶつかる？

工藤　憑いたなと思ったら、デパートの地下の食品売り場に行きなさいと。たいてい混んでいるから、バーンとわざと体をぶつけるといいんですって。危ないじゃないかとか言われるかもしれないけど、すみませんと言えばいいのよと。

鶴田　狙ってぶつかるわけですね。

工藤　しかもデパートでも、日本橋の三越とか、高島屋とか、そういうところに行っちゃダメよって。行くなら渋谷の東急東横店とかがいいって。今はなくなってしまいましたけど。

鶴田　庶民的なところがいいと。

江原　ああ、なるほどね。

工藤　特売とかで、たくさんの人が買い物をしているようなところ。そういうところでぶつかって霊を落としなさいと。

江原　おもしろい話ですね。それで生き霊は取れましたか？

工藤　なんとなく軽くなりました。でも、江原さんが人にぶつかったら、すぐに誰かわかりますよね（笑）。

江原　ははは。ぶつかったら、霊はその人に憑くんですかね？

工藤　そう、その人に飛んでいくんですって。

江原　かわいそう。そんな悪いこと（笑）。

工藤　大丈夫なのよ。そんなのって。そのおばあさまは、最高におもしろい方なんですよ。もうお体はだいぶ弱っていらっしゃるけどね。

鶴田　その方、新型コロナも予言したんですよね。

工藤　いろんなことを予言するんですよ。昔はよく手紙をくださって。すごく達筆でいらっしゃるの。

江原　すごいお話ですね。

鶴田　私がその予言を聞いたのは、こうやって工藤先生と親しくさせていただく前で、佐藤愛子先生からお聞きしたんです。まだコロナのコの字もない時ですよ。もうすぐ、とんでもない悪い感染症が流行ると聞いたと。それは２０１８年の頃です。

江原　コロナ渦は２０１９年からですもんね。

鶴田　私も一応小児科の医師で、感染症も専門だから、「さすがにそれはないと思いますよ」と言って「工藤さんは誰に聞いたのでしょうね」と聞いたら、年配の賢きところの方からのお話だと。それで実際にコロナが流行り始めた頃に、もしかしたら、それは聞いていた事態だぞと思い出したんです。

工藤　おばあさまは、戦前の政治家、牧野伸顕の血縁の方で。お父様は作家で、菊池寛がいた頃の文藝春秋で文士の番付みたいなものがあって、芥川龍之介とか、有名な人がいっぱい出てくるんだけど、彼女のお父様も関脇あたりに入っていたのを、私は古い文春本誌で見ました。

江原　霊的なこととか、予言めいたことをよく教えてくださるんですか？

工藤　そうなんですよ。「魔除けになるから、なるべくキラキラしたものを身につけなさい」とか。江原先生も指輪をつけていらっしゃるけど、何か意味がありますか？

江原　ああ、これはオペラの舞台が近いので、なくすといけないからつけているだけですよ。

生き霊の標的になったら

江原　生き霊というのは、こればかりは大変なんです。私も、亡くなった霊に対して恐れや偏見はないし、なんとかしてあげたいと思うけれど、生き霊を抑えるのは本当に難しい。その人の考えが変わらない限り、何回も何回も来るから。

工藤　ああ、わかります。自分にはそんなつもりがないのに、恨みの念って飛んでくるんですよね。私も経験があります。

もう亡くなったある著名人の、最後の愛人という方を取材したんですよ。ものすごくきれいな人で、私より10歳くらい上の方。それなりにお金ももらって、すばらしく豪華な家に暮らしていらっしゃったんです。

取材とは別に、その方から頼まれごとをして、事情はわからないけど私は言われた通りにしたんですよ。でも、ある日電話がかかってきて、誤解なのか何なのか、ものすごくののしられたんですよ。

その頃から、とにかく頭が痛くて、夜中になるとひどく痛む。病院に行ってもどこも悪くないと言われるし。もしかしたらと思って、故人のご家族に話を聞いてみた。すると彼女はお金をさらに要求していたそうで、私は何も知らされないまま、その片棒を担がされたんです。

江原 それで逆恨みをされたということですか？

工藤 そうなんです。彼女のお宅の近所に神社があってね、彼女が夜な夜な何かをしているのがパッとわかったんです。わら人形みたいな……。

江原 いやあ、怖いですね。

鶴田 そんな時は、どう対処するといいんでしょう。

江原 必要なのは「放念」です。念が飛んできたとわかったら、それが頭をよぎっても切る。よぎっても切る。決してとらわれないようにすること。私も生き霊でやられそうになったことがありますよ。

工藤　江原さんも？

江原　ありますよ。もう何回も。

鶴田　きっと同業者でしょう。念を飛ばせるでしょうし、江原さんに嫉妬しているんじゃないですか？

江原　夏場でものすごく暑いのに、夜寝ていても、なんだかぞわぞわとして急に寒くなるんです。それでパッと相手の顔が浮かびます。それでわかる。あっ来たと。

工藤　さすが。

鶴田　パッとわかるというのは、それだけ相手の念が強いということ？

江原　そうです。なるべくそれとはかかわらないように相手の念を切るのと、速攻でお風呂に入る。毛穴を開いて、飛んできたエクトプラズムを体から出してしまう。

鶴田　熱めのお風呂ですね。

江原　あとは、鶴田先生がよくお使いになる樒（しきみ）線香。

鶴田　線香については、工藤さんも本に書いていらっしゃったでしょう。白檀は祓う、伽羅は呼び入れるって。

工藤　それも知り合いに聞いたことがあったんですよ。でも、しきみというのは……？

鶴田　榊に似ていて、お供えに使うこともある植物です。

江原　樒には毒があって、よくない霊を寄せ付けないために効果があるんです。

鶴田　私がよく使う樒線香は、奥三河で作っているんですよ。仏具にはやはり意味がありますね。

霊は背中から出入りする

江原　それから、霊が来たと思ったら、首の後ろに温湿布をする。自分で貼れる、ベタっと貼るタイプのお灸もいいです。

鶴田　背中の上のほうに。

工藤　首のうしろって重くなるんですよね。何かが憑くと。

江原　そうそう。あとは肩甲骨の間。

鶴田　そこには東洋医学でいうところのツボがあるんです。「霊台（れいだい）」と「身柱（しんちゅう）」ですね。

霊台というのは、乳首の高さでぐるっと後ろに回って、背中の中心あたり。「身柱」は、それより高い位置にあります。風邪のひき始めとかにもお灸を据えるといいと言われています。

江原　よく邪気っていうじゃないですか。風邪もそうだけど、霊を感じてもゾクゾクッとするでしょう。霊は背中側の首から入って、首から出ていくんです。これが鉄則です。

工藤　へぇ〜。

江原　だから、やみくもに祓おうと思ってもダメ。ポイントは絶対に背中です。

鶴田　ちなみに、風邪は東洋医学で「ふうじゃ」と読むんですよ。

江原　邪気の「邪」が入っているでしょう。だから、先ほど言った熱めのお風呂に入ったり、身柱に温湿布か、お灸をする。身柱は自分で手が届くところですから、自分でベタっと貼れるタイプのお灸もいいですよ。そうすると霊もぱっと離れます。

工藤　それはいいことを聞きました。ありがとうございます。

江原　お仕事で地位や名誉のある方たちにお会いになるでしょう？　そうすると、いろんな念が来ると思うんですよ。そんなときも身を守ることができます。

工藤　念とか生き霊って本当に怖いですね。

鶴田　今でも神社で夜な夜なそういうことをする人がいるというのは、考えただけでも恐ろしいです。

江原　とくに京都あたりだと、今はパワースポットみたいに扱われているけれど、本当はちょっと気をつけないといけない場所もあります。

鶴田　丑の刻参りとか、発祥は京都ですよね。鉄輪にろうそくを差して、頭に乗せるという時代がかった出で立ちがありますけど、いまでもそうなんでしょうか。

江原　鬼をイメージした姿だといわれますが、それと首に鏡をぶらさげるというでしょう。先ほどの話で鏡を使ったのは、憑依に自分で気づくためでしたが、人を呪う時に鏡をぶら下げるのは、悪しき念が自分に返らないようにするためなんです。虫のいい話ですよ。人を呪わば穴二つなのに、放った念が自分に返らないようにするなんて。

鶴田　自分で自分の身を守らないといけませんね。でも、お聞きできてよかった。私もここが風邪の時にいいツボだとは知っていたけど、霊が来た時にも効果があるとは知りませんでした。

江原　背中は大事ですよ。だから、よく「うちの子どもは霊感が強くて」という相談をいただいたりしますが、お母さんが背中をさするといいんですよ。

鶴田　ああ、身柱から霊台に向かってね。

江原　そうすれば落ち着きます。だからね、騒がないで、とにかくとんとんとやさしく背中をさすってあげてください。

工藤　怖いけど、それも落ち着いて対処すればいいんですね。

江原　私は生き霊が来た後に、ベッドのシーツに足跡がついていたことがあります。

工藤　うわあ、嫌ですねえ。

江原　何かに乗っかられた感じがして、朝見たら足跡がついていた。こちらが何かをして恨まれるというより、誤解とか、やっかみですね。あとは、人の相談ごとに答えてあげると、その相手には恨まれてしまう。たとえば離婚したいという人のお話をいろいろ聞いていたことがあって、ちょうどその頃、たまたま買い物でどこかのお店にいたら、急にゾクゾクってきたんですよ。そうしたら、向こうから鏡越しにものすごくにらんできている女の人がいた。後でわかったのはその人が相談してきていた人の奥さんだったということもありました。

工藤　なんで先生を恨まなきゃいけないんですか。

江原　こいつが離婚に向けてアドバイスをしたという逆恨みですかね。

工藤　怖っ！

不思議で怖い世界の民間信仰

鶴田　怖い話のついでに、もう一つ工藤さんの本で興味をひかれたのが「バリ島の黒魔術」のお話だったんです。

工藤　ああ、バリ島の。怖いですよね。魔術ってあるんですよね。

鶴田　本当に死んでしまうとか。

工藤　呪いをかけるような魔術師が実際にいるんですよね。

江原　昔ながらの呪術ということですね。

工藤　ほかにも、怖いというか不思議なのが、「悪魔の木」というタイトルで書いた話です。カリブ海のマルティニーク島というフランス領の島があって、ラフカディオ・ハーン（小泉八雲）が日本に来る前、そこに住んでいたんです。もう夢のようにきれいなところですけどね。森の中にものすごく背の高い木がいっぱい生えているんですよ。

鶴田　南の島らしい風景ですね。

工藤　どうしてこんなに背が高いんだろうと思ったら、その木を切ると悪いことが起きるんですって。それで悪魔の木だって呼ばれていて、よく見ると、木に傷跡みたいのがいくつもあるんですよ。木肌を切って、自分が呪いをかけたい人の持ち物とかを押し込む。するとと中がスポンジみたいになっていて、ここが不思議なんですけど、木がそれを飲み込んでしまうんですよ。

鶴田　入れるものは何でもいいんですか？

工藤　殺したい相手の髪の毛でもいいし、指輪でも、歯ブラシでも、とにかく相手の身のまわりにあるものを入れると相手は必ず死ぬのだそうです。それで、その木はどんなに大きくなっても、切ってはいけないと。切るとその人が亡くなったりするから、みんな避けて通るのですって。

鶴田　でも、工藤さんは本当に勇気がありますね。そんな怖い木の苗木をもらって帰ってきたんでしょう。

工藤　悪魔の木っていいますけど、一見するときれいなんですよ。私はおもしろいと思ったので、うちのリビングに置いていました。

当時うちの母がね、都内でレストランをやってたんですよ。でも、その店の社長のことでいつも怒っていて。それで母にその木の話をしたら、「よしわかった」といって、秘書を手なずけて、社長の髪の毛1本くらい手に入れれば……なんて親子でそんな話をしたりして。でも実行する前に日本は寒いから枯れてしまいました。

鶴田　おもしろがっていたんですね。

工藤　バリ島の黒魔術の話は、主人の友達のお嬢さんがバリ島に行って、親の反対を押し切って結婚したら、だんだん弱ってきて、実は現地で黒魔術をかけられていたという話ですね。バリの魔術師に依頼する時は、やっぱりその人が使っているものを使うんですって。

鶴田　黒魔術に対抗する白魔術の人もいるという話でした。やっぱり世界中にそういう呪術の文化というのはありますよね。

江原　そう、ブードゥー教も有名ですね。ハイチとか、西アフリカのベナンなどの民間信仰ですが、以前に『超常現象の世界』というドキュメンタリー映画で観たのは、ブードゥーで呪いをかけられた人が、病院でレントゲンを撮ると、体に針がいっぱい入っているのが写っている。それを一本ずつ外科手術で取っていくという。

鶴田　これは生き霊とはまた違いますよね？

江原　生き霊の一種といえるのではないでしょうか。やり方はさまざまでしょうけど、突き詰めればやっぱり念の力ということでしょう。

願い事が叶わない理由

江原　呪うといえば、講演会でよく話すのが、自分で自分に呪いをかけている人も多いから気をつけてくださいということです。女性で神社詣でが大好きな人も多いでしょう？いろんなところへ行って、片っ端からお願いをしている。

工藤　女性なら縁結びとかでしょうね。

江原　男の人はあまりないのですが、自分で願をかけておいて、その願を忘れてしまったりするんですよ。その時はそれが本心だから、「◯◯さんと一緒になれますように」と一心に願うんだけど、自分の気が変わることもあって、願を放ったままにしてしまう。

工藤　あるでしょうね。

江原　「私、恋愛がうまくいかないんですけど、どうしてでしょうか」と聞かれて、「あなた、いろんなところで恋愛成就のお願いをしたでしょう、それを解きに行っていないんだよ」と答えるケースがあります。あなたは念が強いから、そのままだと他に行けないよと。

鶴田　それは自分への呪いになるということですか。

江原　そう。その時はそれが本心からのお願いだったかもしれないけれど、願いが変わったのなら、かつての願い事を解く必要があるから、行っておいでと言います。「あの時はお願いしたけれど、もう違います」とか。

工藤　お礼参りの逆ですね。

江原　お願いをする人に限って、「神様はそんなことするんですか？」なんて言うんですが、いや、あなたの念は神様にまで届いていないよと。その辺にいる自然霊とか俗っぽい低級霊が「ちょっと力を貸してやろう」と出てきたりする。神社にはそういう存在がたくさんいるんです。だから、本人に自覚がなくても念の力が強いとそうなるんです。

工藤　念の力の強さって、みんな違うものですか？

江原　念というか、思いの力というか。なぜか執着してしまう時ってあるじゃないですか。工藤さんの場合は、知らない間に自分の生き霊が飛んでしまうくらいでしょう。だから、「あいつをこらしめてやりたい」なんて思ったりすると、意外と叶ってしまうかもしれません。

工藤　それは効く人と、効かない人がいる？

江原　それは思いの強さ次第なんですよ。昔、ホラー映画で『キャリー』ってありましたでしょう？　主人公はすごく内気な子なんだけど、すごくいじめられて、最後に「どうしても許せない！」となった時、もともと持っていた超能力が目覚めて、いじめた人たちを壮絶にやりこめる。だから、秘めた思いが爆発すると怖いという話でした。

工藤　江原さんは、困った人に会ったらどうします？　ケンカなさることはないんですか？

江原　ありますよ。私はもともと下町の人間ですから、なんでもわりと素直に言っちゃう方なんですよ。だからむしろ残らないけど、江原の口に戸は立てられないなんて言ったり（笑）。

一同　（笑）。

工藤　はっきり言う人の方が後に残らないってことはありますよね。あんまりきついと言葉でも傷つくけど、言った本人はそれでケロっとしていたりとか。だから、言えずにいるようなおとなしい人のほうが強い念を持っているというのはあるでしょうね。

鶴田　自分で呪いをかけているとか、思い込みの力って怖いですよね。それは生きている人の話だったけど、思いがあるために成仏できていない、あるいは気づいていない未浄化の霊がこの世にはたくさんいます。

工藤　さまよっているんですね。

江原　幽界と現界の間、ここにとどまり続けているという……。東京から熱海に車で帰る時、真鶴道路にはいつもいますね。

工藤　自殺した人？

江原　自殺ばかりとは限りません。

鶴田　事故で亡くなった人もいるでしょうね。でも自殺のことは多くの人にきちんと知ってもらわないといけません。死んだらこの苦しみはなくなるのではないか、そう思ってしまうから死を選ぶわけです。ところが、死んでも自分はなくならない。下手すると、死んだこともわからずにさまよって、苦しい状態がずっと続いてしまう。

江原　それに、死にきれないと思い込んで、人に憑依して再び死のうとする。それを何回も繰り返してしまうことも多いんです。

鶴田　霊は怖い存在ではない、私たちと同じだという話が何度か出ましたが、霊について正しく知ることは、この世とか命のしくみ、私たちの真実のあり方を知ることにつながると思うんです。命は自分で思いどおりにできるものではなくて、決して粗末にしてはいけない。

工藤　そして、いまを一生懸命生きることが死後につながるということも、ですね。

家をリフォームすると霊がいなくなる?

工藤　思いを残した霊たちは、住んでいた家に居つくこともありますよね。でもね、中には物分かりのいいお化けさんもいるのかもしれないと思ったんですよ。

以前、熱海の家を買った時、そこは芸者さんのために建てた家で、実はいわくつきの物件で、どんなに値段を下げても買い手がつかないと聞いていたんですよ。見に来た人が、めまいがするとか、ふらふらするとか言い出すんです。しかも隣に墓地がある。

それで、「すごく安くするから買ってくれないか」というから、私は原稿のネタになったらおもしろいから、「出たら出たで楽しめる」と思って買ったんですよ。全部リフォームして。そうしたら、まったく出ないんですよ。いくら待っても出ないの。

一同　(笑)。

鶴田　待っていらっしゃったの? (笑)。

工藤　編集者さんが電話をかけてきて、間延びした声で「工藤さん、そろそろ出ました～?」なんて言うんだけど、「それが出ないのよ」なんて言って。家は、古い石垣があるんですけど、そのあたりにざんばら頭の男でもいたらおもしろいじゃないですか。でも、結局、そこでは何も起きなかったですね。

鶴田　霊が引っ越しすることはあるんですかね。

工藤　それがすごく不思議で、ただ全部リフォームした時の大工さんの棟梁が、ものすごくいい方で、きちんとお祓いをしてくれたらしいんですよね。「私どもは商売ですから、ちゃんと結界を張って」とか。

鶴田　力のある人がお祓いしたんでしょうね。

江原　せっかくお出ましを待っていたのに（笑）。

工藤　江原さんもリフォームをされたお宅に住んでおられるんですよね。

江原　１００年前の古民家なんですよ。

工藤　何も出ませんか？

江原　リフォームをすると、何かしらのエナジーを消してしまうんでしょうね。霊って不思議なんですけど、出るときは電車の線路みたいに同じところにしか出ないんですよ。意外と自由には動かない。いつも同じ場所に出るし、その範囲しか動かない。

工藤　へえー。

江原　私は、とにかく掃除することを勧めていますね。「掃除をするとオーラマーキングできるよ」という言い方をしますが、それはわかりやすく言っているだけで、要は不要なエナジーを消してしまいなさいということです。霊の通り道があるなら、よく掃除して自分の念でそこを封じてしまえばいいのです。霊が動く線路を外してしまうことになります。

工藤　なるほど。

鶴田　清めのお塩はどうですか？

江原　いいと思いますよ。実は塩そのものが効くというよりは、塩を撒くことで「悪しきものを寄せ付けない」という思う自分の念を放つことが大切なんです。だって、塩自体はただの物質にすぎません。だから、「何か来る！」と思ったらそれを封じるためにまくということですね。

工藤　あの、笑っちゃいけないんですけど、佐藤愛子先生が旅館とかホテルで、何かいる気配があると、「お前ここにいるな！」って塩をまくんですって。あの先生の迫力でまかれたら怖いですよね。塩なんかまかなくても怖い。

江原　そう、その思いなんですよね。大事なのはそこです。だから塩の置き方とか、量とかは関係ないんです。それを知っておかないと、大相撲みたいにどんどん塩の量が増えていく。

工藤　あはは、おかしい（笑）。

江原　本当にひとつまみでも、思いがあればいい。それでいうと、佐藤先生みたいな人は塩なんてなくても大丈夫かもしれませんね。

物にも霊は憑いている？

鶴田　物にもエナジーは残るんでしょうか。工藤さんは甲冑をカナダで買われたでしょう。部屋に置いていたら、気づいたらちょっと動いていたとか。

工藤　アメリカ人が戦後、日本に来て、土の中に埋まっていた鎧兜が出てきたそうで、それを売っていたんですよ。すごい日本美術びいきのアメリカ人がやっている店だったんですけどね。

すごくきれいで、私はひと目で気に入ってしまって。当時としては結構高かったんですけど、買ったんですよ。それで部屋に置いていたら、向きが変わったりして、なんだか動くんですよね。

「だめだよ。また動いちゃあ」なんて言って、もとに戻して。今日お客さんが来るんだから動かないで、ここにいてよと言って。おもしろいの。リビングでここに置くとするでしょう、私が料理を作ってると、私の方を向いてるんですよ。前の夫も「こいつまた動いてるぞ」なんて言って。

鶴田　物につく霊もいますか?

江原　ありますよ。持っていた人の執着の念が残る場合もあるし、あるいは物に憑依したり。人形とか、人の形をしているものにはやはり憑くことがあります。

鶴田　その甲冑は、血痕がついていたんですよね。

工藤　血しぶきの跡みたいな感じでしたね。ただ、その後日本に戻って、離婚もしたので、全部置いてきちゃったんですよ。また甲冑を買いたいなと思ったんですけど、再婚した今の主人は、絶対にそれだけはやめてくれって。普通の人は怖いと思うのかしら。

鶴田　そりゃあ怖いですよ。私なんか、とてもじゃないけど。甲冑とか、刀とかはちょっと。

工藤　刀はいやですね。人を斬った刀は。でも甲冑は美術品としてね。でも私は鈍感だから大丈夫（笑）。

鶴田　そうおっしゃるけれど、これまでいろんな体験をされていて、大丈夫なのはきっと守られているんでしょうね。

江原　それはありますね。刀もブームになっていたりするからお好きな人がいますけど、必ずしもいいとか悪いとかではなくて、見てみたらちょっと嫌だなと思うものもあると思うんですよ。

工藤　なるほど、そうですね。

江原　だから、目利きじゃないけれど、〝霊〟利きみたいな。よくないエナジーの残る物はきっと選ばないと思いますよ。

工藤　物によりますね。

江原　私の場合、アンティークで身につけるものは苦手なんですよ。家具は古い物もわりと好きですね。ただ、中古品として流通する物の中では古本には注意が必要だと思っていて。たとえば、いまわの際で読んでいただろうと思えるようなものは避けます。

工藤　わかるんですか？

江原　わかります。やっぱり深い内容の本が多いですよね。哲学的だったり、やっぱり死を見つめながら読んだりする内容の本だと、読んでいた人のネガティブな思いが残ってしまうことがあるようです。

そういう本を手に取って読むと負のエナジーが来ます。それは憑依じゃなくて、負のエナジーが伝わってくるんです。読んでいるとすごく暗い気持ちになったり、じわじわとくらってしまって、立ち直れないような気分になります。

工藤　江原さんはやっぱり感じやすくて、繊細でいらっしゃる。

鶴田　工藤さんは楽しんでいらっしゃるし、それを本に書いて伝えようという作家としての意気込みがプラスに働いているのではないですか？

江原　生き霊が出るだけあって、工藤さんは念の力も強いと思いますよ。私のほうはどちらかというとスポンジ系で、エナジーを吸うほうだから。霊能の質にも違いがあるんです。

工藤　なるほど。

江原　私もアンティークの家具は好きだけど、そんなに昔のものではなくて、ミッドセンチュリーのものぐらい。いずれにしても買い物をする時はその物をよく見極めることです。

工藤　自分がどう感じるかを信じればいいんですね。

真実を見分けるには

工藤　そうしたエナジーとか、見えない世界のこと、降霊会のお話でもそうですけど、真贋を見分けるのは難しいんですよね。

江原　私がお伝えしたことで、「なるほど」と思えることもありますでしょう。だから、真実は誰にでも理解できるはずで、そこにはしくみとか道理が必ずあります。

鶴田　何かの体験をしたとしても、独りよがりになることはよくないですね。

江原　心霊的な世界といっても、「霊とはこうなんですよ、だから怖くないんですよ」と説明できることは大事です。先ほどお話しした3つのステップも理にかなっていること でしょう？　聞くと「そうかもしれない」と共感したり、納得できると思うんです。だから理論として、きちんと説明できることは大切だと思うんですよね。それで理解できれば、いたずらに怖がったり、あるいは騙されたりすることもなくなります。

工藤　そうですよね。

江原　騙されるのは自己憐憫、責任転嫁、依存心の3つがあるからですよ。これが不幸の3要素といっています。自分でよく考えないから、横着したり、人のせいにしたりする。

神社でお願いをしているつもりでも、自分で自分に呪いをかけている場合があるというお話をしたけれど、それを解くのも自分だし、執着からではなく前向きな気持ちで願いを叶えるのも自分です。聞いたことをただ鵜呑みにしないで、何が自分にとっての真実かをよく考えてみてほしい。

鶴田　それと、霊がどんな存在で、この世をどう思っているのかがわかってくると、先祖に対してあれをしてほしい、これをしてほしいとお願いするのも、実は先祖を苦しめてしまうことなんだとわかります。

そんなふうにお願いされても手伝えないよ、自分でがんばってもらうしかないんだよと。だから霊の視点に立って、子孫の人間たちを見守るような想像をしてみると、ちょっと意識が変わるかもしれません。

第3章

三島の首が語ること

川端と三島の微妙な師弟関係

鶴田　工藤さんが本に書いている中で、何度読んでもこれはすごいと思うのは三島由紀夫の首の話なんです。

工藤　ああ、これは簡単には語れない話ですね。もう時効だろうかと思えるようになったので書いたものですが、そういえば今年２０２５年は三島の生誕１００周年にあたります。

江原　三島さんが亡くなったのは45歳の時だったでしょう。あれから55年ということですか。

鶴田　僕は小説を読むのが好きで、とくに好きな作家を追いかけて読むのですが、三島も相当読みましてね。だからいっそう興味深かった。

工藤　もともとのきっかけは、川端康成先生の奥様の秀子夫人のお話からなんですよ。川端家に最初に伺ったのは、本にも書きましたが、私がまだ20代の後半あたり。日本文学の研究者だった前の夫に連れられて行ったのですが、もう三島も川端も亡くなった後のことです。
お宅に伺っていろいろお話を伺っている時に、奥様が「あなた、視える人でしょう」と急に仰ったんですよ。私は、不思議な体験があるとはいっても、「はい、視えます」と言えるようなレベルではないですから、あいまいな返事でごまかしていると、「私も視えるのよ」と言って。後から聞いたら、彼女は霊能者として有名な方だったそうなんですね。
それで夫人は「主人が亡くなる前に三島さんが亡くなって、ああいう亡くなり方をしたから、主人のところにはしょっちゅう会いに来てたのよ」と言うんです。
鶴田　三島と川端は師弟関係だったらしいですね。
工藤　これは以前にドナルド・キーンさんから聞いた話なんですけど、本心では三島もノーベル賞がほしかったらしくて、ニューヨークに行ったりして運動してたんですよ。ノーベル賞が自分に来るように。
鶴田　ロビー活動のようなことをしていたんですか。
工藤　当時、海外で日本文学の専門家というと、ドナルド・キーンか、サイデンステッカー。この2人が第一人者だったわけです。ドナルド・キーンさんも、日本に帰化する前は日本とアメリカを行き来していて、「三島にものすごく高いレストランに何度も連れて行ってもらった」と言っていた。それだけ三島は努力したんだけども、ノーベル賞は川端康成に行っちゃったわけですよね。

いくら尊敬する師匠だとしても、一度賞が川端に行っちゃったら、少なくとも当面は自分のところに来ないじゃないですか。でも、三島もプライドの高い人ですから、川端にお祝いの言葉を贈ったりしていましたけど、結局、割腹自殺に至ってしまった。川端は、その時に遺体の確認にも行っています。

奥様のお話では、三島の事件の後も、川端が「歯を磨いていたら鏡に三島君が来ていたんだよ」なんておっしゃることもよくあったそうです。

鶴田 川端康成も霊感があったのでしょうね。

工藤 ええ、あったのだと思います。それで奥様も「そんなことばかり言っていたのよ、川端は」なんて言って。これは余談ですが、川端が自殺をしたときにちょうど岡本かの子さんに関する原稿を書いていたのですって。それで、「書きかけの原稿を見て、かの子さんが連れて行ったと思った」と。

鶴田　川端が自殺をしたのは、三島の自殺の2年後ですね。岡本かの子とのつながりもあったんでしょうか。

工藤　岡本かの子もおそらく霊感がある人で、普通の女性じゃなかったんですよね。亡くなったのは戦前ですが、晩年には川端と交流があったようです。とにかく奥様は「主人はかの子さんが連れて行った」と何度もおっしゃっていましたね。

謎に包まれる川端の死

工藤　次におうかがいした時に話が三島のことになって、「三島さんは出ていらっしゃるけれども、とてもお気の毒なお姿で」と言うんです。それはつまり、お首がついていないということです。首のあたりが赤くて痛そうだからと言って、生前の川端康成がとても信頼して、霊能力もお持ちだったというお坊様に「とにかくお首だけすげてください、いくらなんでもかわいそうですから」とお願いしたそうなんです。

鶴田　首と胴体が離れているから……。

工藤　川端家の法要にはいつもその方がいらっしゃるとかで。それで読経を始めたら、途中で「うーっ」と止まって、後ろにのけぞったと。その後、また元の態勢に戻って最後までお経をあげた。

それで、終わった後に秀子夫人を呼んで、「奥様があれだけおっしゃったから、お首だけは確かにすげました」とおっしゃったそうなんですが、さらに「この方にはとんでもないものがついています」とも。そのためなのか、奥様は「やっぱり成仏なさっていないんじゃないか」と言ってね、それ以上は私もわからなかったんです。

鶴田　体と首をくっつけたのですか。

工藤　奥様はフレンドリーで優しい人でしたけど、「簡単には騙されないわよ」みたいな凛とした強さもある方でしたね。

鶴田　あの川端康成の奥様ですからね。

工藤　やっぱり彼女は霊能の持ち主だったような感じがしますね。それぐらいじゃなければ務まらないと思うんですけども、お宅に入った途端に、広い日本間があってすばらしくきれいなんですよ。美術品も置かれていたりして。

だけど、そこかしこに、人がかがんでいるような黒い影が視えるんですよ。そこにいる、ここにもいる。そうしてこっちを見てるんですよ。

江原　怖い。

鶴田　川端さんだって、ノーベル賞をとって、あんなに絶好調の時に自殺するのは考えにくいですよね。何があったのか……。

工藤　お手伝いさんがお嫁に行ったのがショックだったとか、いろんなことを書かれていますね。

江原　何が本当かわからないですね。私も川端康成には少しご縁があります。今の私の熱海の家に、川端さんが原稿を書くために滞在していた時期があるらしいんですよ。

鶴田　見晴らしのいいところだから。

江原　『伊豆の踊子』を執筆している頃だとか聞きました。伊豆周辺を泊まり歩いていて、ここを使ったこともあると。だけど、いまのお話でご自宅の四隅に何者かが座っていたなんて聞くと……（笑）。

工藤　今夜あたり、出てくるかも。

三島はどこへ行った？

工藤　奥様はいろんな話をしてくださいました。あの世の方たちが来たら、「私は何もできないからお帰りください、と言いなさい」とも言ってくださったんですが、きっと奥様のところにもたびたび三島が出てきたんでしょうね。見るに見かねてお坊様にお願いしたくなったのかもしれない。

鶴田　視えてしまうのが、いいのか悪いのか。

工藤　余談ですけど、ちょっとおもしろいのがね、ある時、私が家に戻ったら主人がうなされてるんですよ。うーんうーんと。「どうしたの」というと、「首が、首が」っていうんです。うちの主人の首はだいぶ太いんですけどね。

そうしたら、「今まで話したことはなかったけど」といって、『週刊プレイボーイ』で仕事をしていた頃の話をしてくれたんですよ。

主人は創刊時からのメンバーで、編集長から「三島由紀夫が死んだから、いまどうなっているかを霊能者に会って聞いてこい」と言われたんですって。しかも、「他社はみんな断られたらしいからな」とも。

主人もまだ駆け出しの頃だし、編集長の命令は断れないけれど、さすがにそんなことは無理じゃないかなと思いながら、それでも行ったそうなんです。そうするとやっぱり断られて。四十九日とか、何かが終わってないから、まだ霊が降りてこないのだというのが理由だったと。

でも主人が「そんなこと言っても、自分はこのままでは帰れないから、なんとかお聞きしてくれませんか」と食いついたら、しょうがないなと言って、その霊能者は一生懸命霊を降ろして、そうしたら三島由紀夫の霊が「首が痛い」と言ってきたんだと。

江原　そりゃあ、痛いでしょう。

工藤　そうですよねえ。でもそんな50年以上前のことは忘れていたのに、なぜかその日は思い出して夢に見たというから、それもびっくりしちゃって。

でも、いま考えると、三島の霊はあちこちさまよっているのかもしれませんね。

青年将校たちのすさまじい恨み

鶴田　昭和45年ですよね。私は高校1年生でしたが、国語の先生が興奮して、「いま、三島が！」って言っていた記憶があります。職員室で昼のニュースか何かを見たのかな。首の話はすごく興味深いけれども、あの事件そのものが、やっぱり憑依じゃないかと私は考えています。三島ぐらい頭のいい人が、市ヶ谷の自衛隊総監部のバルコニーで演説をしたときはもう支離滅裂だった。ヤジも激しかったようですが、三島本人が憑依されておかしくなっていたのだと思うんですよ。

工藤　何を言っているのか、まったくわからなかったですね。

鶴田　わからないですもんね。完全にあれは、私は、２・２６事件の青年将校たちの集団憑依なのではないかと思う。美輪明宏さんもおっしゃっていたように。

江原　おそらくそうでしょうね。

鶴田　美輪さんと三島さんは親しかったから、美輪さんもよくわかっていて、いろんな人に頼んだけれども除霊できなかったらしいですね。

工藤　2・26事件の青年将校の怨念はそこまですさまじい……。

鶴田　しかも集団ですからね。割腹事件の4年前、1966（昭和41）年に三島は『英霊の聲』（河出文庫）を一晩で書き上げたといいますが、その内容は、帰神の会という降霊会で、2・26事件に関わって処刑された青年将校の霊が降りてきた。

そして次に現れたのは、太平洋戦争で特攻隊員だった霊で、それらが兄神弟神として一緒になって、天皇に対する恨みを叫ぶという鬼気迫るものでした。お母様の平岡倭文重が三島の死後に『暴流のごとく――三島由紀夫七回忌に』（新潮1976〈昭和51〉年12月号）で発表しています。三島はそれを一気に書き上げて、げっそり痩せたと。

工藤　しかも、執筆時は自然に手が動いたと言っていますよね。

鶴田　でも、三島のものにしては出来が良くないというのが定評です。

工藤　文章が荒いというか。変な言い方ですけど。登場人物たちは天皇の人間宣言に対してものすごく怒っていた。あれは三島の声なのか、青年将校たちのものなのか。

鶴田　もう、恨んで恨んで。

工藤　お恨み申し上げます、とね。

鶴田　その恨みが現実の世界でも憑依につながった。事件の後に遺体の検分に行ったのが川端さんだったそうですね。工藤さんも書いていらっしゃったけど、石原慎太郎もその日、あの場所に行っていたということですね。

工藤　警察官に現場を見るかと言われたけれど見なかったと、『わが人生の時の人々』（文春文庫）に書いています。もし自分があの光景を見ていたら、自分も川端さんみたいになっていたのではないかとまで言っています。

鶴田　石原慎太郎には、そうした感性があって、そこで何かを感じ取ったのではないかと思いますね。

江原　だけど、首が転がっている写真は有名ですよね。

鶴田　いまなら、コンプライアンス上、考えられない。

工藤　でも三島はさすがに覚悟があって、切腹した後、最後までちゃんと待っていました。というのは、盾の会のメンバーで、三島と同様に割腹自殺をした森田必勝（まさかつ）が三島の介錯をしようとしたんですけど、腰が引けてしまったのか、一太刀では完全に切り落とせなかった。2回、3回と振り下ろしたけれどダメで、最後は盾の会の別のメンバーが首を切り落とした。そして、森田はその同じ人が一発で首を落としたみたいです。
鶴田　盾の会には旧軍の生き残りみたいな人がいたんですね。
工藤　亡くなったのは三島と森田の2人ですからね。11月25日は三島の命日ということになるから、「憂国忌」という追悼集会がいまも続いているようです。それにしても、何度も切られて。痛いのは嫌ですよね。
鶴田　そんな何度も叩かれたら……。
江原　恐ろしい。
鶴田　その現場には青年将校の強い怨念が発するものすごい妖気が漂っていた。それに川端さんはやられたと。
工藤　想像を絶しますね。

宮中に降りかかる怨念

江原　昔、心霊番組で、三島が降りるという人がよく出ていましたよね。

鶴田　自動書記で書くという。だけど文体は全く違うし、完全にインチキでしたよ。

江原　そうなんですが、実は全くのインチキでもなくて、森田が憑依しているんじゃないかと思うんです。

鶴田　そうか。それならわかります。

江原　なぜかというと、テレビ番組でいまだに忘れられないんですが、三島が降りてくるという霊能者で太田千寿という人がいて。一時はブームになったんですよね。あるテレビ番組で、それが本当かどうかというので、若い霊能者と向き合って検証することになった。そうしたら太田千寿が苦しみ出して、そこに霊能者の守護霊が降りてきて、「お前は本物ではない、お前は誰だ」と聞いたら、「森田必勝だ」と答えたというものでした。

鶴田　森田もさまよっているのでしょうか。しかし、三島さんの魂はいまごろどうなっているのでしょうね。

工藤　佐藤愛子先生から聞いたところでは、森田と剣道の稽古ばかりしていると言っていましたけどね。あれだけの人だから、まさか地獄には落ちないんですって。中間ぐらいのところで漂っていて、やることがないから、剣道の稽古を2人でしているみたいよって。

鶴田　幽現界ということでしょうか。佐藤愛子先生の霊障の件で、最後にご尽力されたのが古神道家の相曽(あいそ)誠治先生でしたが、その相曽先生が言われていたのは、三島の事件のようなとんでもないことはなかなか癒されないのだということでした。青年将校たちの怒りは簡単に収まるものではないと。

工藤　そうでしょうね。

鶴田　その後、宮中でいろんな怪奇現象が起きたんだそうです。工藤先生は皇族の方についてもいろいろと書いていらっしゃるからよくご存知だと思うんですけど、宮中で祭司を担当する掌典職には神官もいるんですよ。それでも対応しきれない。

江原　内掌典ですね。

鶴田　相曽先生から伺った話ですが、先生は職員の方に頼まれて鎮魂に行かれたそうです。一般人ですから、当然中にまでは入れないんです。宮中三殿の前がお白洲みたいになっていて、そこで相曽先生が立ったまま、神事を毎月続けていらっしゃったんです。1年間くらい。

江原　頭が下がります。

鶴田　最後に、もうこれで今日が最後というときに、怨霊らしきものがまっ黒な龍体になって昇天していった。

工藤　ああ、それなら良かったですね。

鶴田　天皇家には、怨霊となった崇徳上皇をはじめとして、怨霊となって悪影響をもたらすものもあるから。でも、相曽先生によれば、青年将校の一件は無事に済んだようでした。

工藤　そういえば、霊も女性に憑くのと、男性に憑くのと、また違うらしいんですね。余談ばかりですけど、コロナの予言をしたおばあさまのことをご紹介したでしょう。その方のご親族でずっと女官長でお勤めだった方がいらしてね。宮中で、とくに女性は身を守るために光るものをつけてないといけないんだそうです。だから宝石をつけるんだけれども、もう亡くなったある高貴な身分の方は認知症の兆候が出てきて以来、それをすぐに外して捨ててしまうんですって。しょうがないから安物をいろいろ買って、毎日取り替えて、つけては落とし……という繰り返しだったそうですが、最終的には亡くなられて、「それがたくさん残ってるけど欲しい？」なんて、私は聞かれたんですよ。そんなおもちゃみたいなものをもらったって使い道がないと思って、ご辞退申し上げたりして。

鶴田　工藤さんは皇族のこともいろいろ書いてらっしゃるけど、なかなか全部は書けなかったりするんでしょうね。

工藤　そうですね。やっぱり本に書くというのはいろいろ考えてしまいます。でも、江原さんに視ていただいて、余命が半年とか教えてくださったら、その時はもう知っていることを全部書いてしまうかもしれない（笑）。

死んだら虚無だと語った石原慎太郎

鶴田　三島と石原慎太郎は、石原の文壇デビュー当時から関わりがあり、政治的な発言も含めて、数々の対話を残しているようですが、２人は非常に対照的ですね。

しかし、石原慎太郎は、特攻隊の基地があった知覧などで鬼火を見たとか、少なからず霊体験をしています。だけど、「死んだら虚無だ」と最後に言ったということを息子の石原良純さんが明かしています。

工藤　死ぬのが怖かったんですよね。石原は。

鶴田　スポーツマンで肉体派と言われたから、肉体がなくなったら何もなくなるんだと思いたかったのでしょうか。

江原　体験があっても、受け入れられなかったのか、あるいは、認めてもそれを素直に口にできなかったのかとも思います。

鶴田　法華経の解説まで書いていらっしゃって、怪奇現象や霊現象は認めるとしながら、だけど、死んだら虚無だと言う。

私には、インテリの矜持というか、プライドのようにも見えますね。実は仏教界にもそうした矛盾に満ちた発言が多いので、次にご紹介したいと思います。

第4章

とまどう識者たち

霊を否定する現代の仏教界

鶴田　心霊に関して多くの人に知っていただきたい話はたくさんあり、また、江原さん、工藤さんのご経験にもとづいたお話は本当に興味深くて尽きません。その一方で、心霊の世界に対して、宗教界や知識人がどう反応しているかを見ておきたいんです。いわゆる〝科学的〟な立場に立つ人が心霊を否定するならまだわかるけれども、実は現代の仏教学の専門家たちが「霊魂否定」だというんですよ。

工藤　えっ、どういうことですか。

鶴田　驚きますよね。たとえば医師の会でも、必ず物故者の黙祷をしますし、人が集まる機会に事故や災害の被害者に祈りを捧げるということもよくあります。亡くなった人に対して、「ご冥福を祈る」というお悔やみの言葉がありますが、この「冥福」というのは死後の世界の幸福を祈るということを意味しています。ですから、霊の存在は私たちの生活には身近なことでもあり、霊魂を否定することは、その全てを否定することになりませんか？

工藤　今年は阪神・淡路大震災から30年で、慰霊祭などが改めて注目されました。そうだ、「慰霊」という言葉もあるのに。

鶴田　霊魂や輪廻転生の否定なんて、こんなばかなことはないですよ。お釈迦様は生まれ変わり、死に変わりして「生きることは苦」だとしたんですね。どうしたらこの輪廻転生から脱却できるか。そのために修行して、35歳の時に悟りを開いた。輪廻転生のもというのは業、つまりカルマというものがあるとしています。

工藤　業というのは、具体的に何を指すんですか？

鶴田　業とは三つの毒のことで、貪・瞋・痴を「三毒」といいます。「貪」というのはむさぼり、「瞋」は怒り、「痴」というのはとんでもない間違った考え方を表します。これらは煩悩そのもので、それによって業が生まれ、輪廻転生のエネルギーになると考えるんですよ。

江原　まさに煩悩ですね。

鶴田　ところが、仏教の専門誌『大法輪』が平成2年にまとめた『霊とは何か』（大法輪閣）を読んで非常に驚いたのですが、本の冒頭から「仏教は霊魂に対しては否定であ

る」と書いているんです。引用すると、

「仏教では霊魂を説くかどうかということについて異説があるようである。少なくとも釈尊、お釈迦様の仏教では、霊魂というようなものを認めないから、仏教は非霊魂説に立つとするのである」

そこから哲学的な論理が展開されていくんですが、いずれにしても「仏教は霊魂を認めない」とはっきり言っている。この文章を書いたのは、水野弘元（こうげん）という当時駒沢大学の総長だった人で、仏教界の当時の大ボス中の大ボス。原始仏教の専門家で、それこそ仏教辞典とか、数々の仏教関連の書籍を作った人なんですよ。

工藤　先祖の霊とか、供養とか、そういうことをどう考えるのでしょうね。

鶴田　そうなんですよ。私は以前、名古屋の若いお坊さんたちの集まりで講演をしたことがあるんです。私の書いた『来世をどう生きるか』（文化創作出版）という本を読んでくださって、講演の内容も「あの世があるか」というものでした。

50人くらいのお坊さんたちが参加されていました。講演の後で懇談会があり、さらに2次会でお酒も入ったような席で彼らは、「鶴田さん、医者ともあろうものが、霊魂とかそんなものを信じているのか」と言って、鼻で笑ったんです。

工藤　……お坊さんなんですよね？

鶴田　それでびっくりして、調べてみたら仏教界の権威がそう言って教えているわけです。さらにもうひとつ引用すると、秋月龍珉（りょうみん）という人の『誤解された仏教』（講談社学術文庫）では、第1章のタイトルから「仏教は『無霊魂論』である」とあります。

この方は東大の哲学科を出て、在家で禅の修行をして臨済宗の僧侶になった人です。

「私が憂えるのは、霊魂の話とか、輪廻転生の話とか、葬式・法事の話であるとか、そういう前近代的な、あまりにも奇怪な話だけが喧伝されると、そんなことに抵抗を感じるまともな若者たちが、仏教に縁なしと、せっかくの先祖の尊い遺産を頭から捨ててしまって顧みなくなる。そのことを思って、あえてこんな題でペンを執った次第である」

こんなふうに書いているんです。この人は「本来の仏教」に対する自説をお持ちのようで、考え方が異なる人がいるのはしかたのないことだとしても、仏教が誕生した前提からしても、違和感を覚えずにいられません。

仏教は我欲を消すためのトレーニング!?

鶴田　仏教学者でメディアでもご活躍の佐々木閑先生は、花園大学の教授で元々お家がお寺の方ですが、私は名古屋でこの先生の講座を受けているんです。仏教学について非常にわかりやすく解説してくださるので。

しかし、2024年、佐々木先生がフリーアナウンサーの古舘伊知郎さんと一緒に、『人生後半、そろそろ仏教にふれよう』（PHP新書）という仏教の入門本をだされたんですよ。

古舘さんも仏教に強い関心があるようで、いろいろなところで仏教の話をしていらっしゃいます。プロレスの実況で一世を風靡したアナウンサーですから、自分なりの言葉で語っているのが興味深い本ではありますが、佐々木先生の掲げる前提としては「霊魂は認めない」ということで終始しているんですよ。そして冒頭からこう書いている。

「このあと、古舘さんと私との対談が始まりますが、二人の思想的立場を簡略に記しておきます。釈迦がいた2500年前のインド社会では、あらゆる生き物は業、カルマの力に乗って輪廻するという考えが当然のこととして受けいれられていました。（中略）

釈迦もこの輪廻や業の存在を認めていましたが、それこそ我々の苦しみのもとだと考え、自力で自分の業を断ち切り輪廻を止めようとしました。業を引き起こすおおもとは強い我欲なので、その我欲を消すためのトレーニング方法を見つけ出し、皆に説き広めたのです。それが仏教という宗教の根本です。

古舘さんも私も、その釈迦の教えを信奉していますが、両者とも、業や輪廻の実在性は信じていません。それは現代社会においてはあまりにも非現実的な世界観です」

我欲を消すためのトレーニング法だから現代社会の我々にとっても貴重な教えになるというわけです。だけど、これはおかしいでしょう？　この論法では、釈迦は単なる優秀なカウンセラーにすぎないということになってしまいます。

工藤　そんなこと、いつ起きたんですか？

鶴田　明治の中頃です。欧米に肩を並べようとして近代化を急いだ明治政府は、神道を国教化しようとして仏教を排斥したから、それも関係しているのかもしれません。

工藤　なるほど。

鶴田　私も青年会の若いお坊さんたちに鼻で笑ったような言い方をされた時には、さすがに怒ろうかと思ったけれど、その段取りを取ってくれた人がいるから、その人の顔を立てて何も言いませんでした。でも、喉元まで出ましたよ。「あなたたちはお葬式とか法事とかで食べているのではないのか」とね。

工藤　お盆やお彼岸で、ご先祖が降りてくるとかね。

鶴田　それは何のためにやっているんだと言いかけたけれど、それを言うと、「そうしたことは残された人たちの精神的なケアのためにやっているんだ」と答えるでしょう。そ

れもおかしな話ですけどね、

工藤　納得がいかないですね。

鶴田　まあ、もちろん、全部が全部じゃないですよ。そこにいた人でも私の話に興味を持ってくれる人もいました。その方は真言宗のお坊さんでしたが、心霊現象の体験をお持ちで、それについてどう思いますかと聞かれたんです。だから、ご自身で体験がある人はやはり信じてくれます。

江原　仏教といってもさまざまな宗派がある中で、曹洞宗などの禅宗は基本的に霊魂否定なんです。でも、密教系では否定したら教義が成り立ちません。真言宗の宗祖である弘法大師・空海から超能力を除いてしまったら、本当の〝空〟になってしまう。だから仏教とはいっても、密教の方たちは立場が少し違うでしょうね。

鶴田　曹洞宗の開祖は道元禅師です。実はそこに関して、私の勘違いで本を書いてしまって大いに反省をした経験があるんです。

というのは、先に例を挙げた水野広元も道元の専門家ですが、この人たちが霊魂なんかないということを言っているから、道元禅師も霊魂否定なのだと思い込んで本に書いてしまった。ところが、道元はこう言っている、と教えてくれた人がいるんです。

静岡の袋井にある可睡斎という曹洞宗の修行寺のお坊さんで、この人は永平寺で修行された人でした。駒沢大学の大学院で道元禅師の研究をされて、一度は他の職に就いたのですが、やっぱり修行をしたいと30歳を過ぎてから永平寺で修行をされた人です。この永平寺の修行はものすごいですよ。

工藤　厳しいんですか。

鶴田　いろんな作法が決まっていて、寝るのも寝袋みたいなところ。朝は早いし、食事はお粥と完全な菜食でね。そんな厳しい修行を30過ぎてからやったくらい求道心の強い人でした。その人が私のところに来てくださって、「鶴田さん、道元禅師は霊のことを否定していると書いてあるけど違いますよ」と教えてくれたんです。

彼が持ってきたのは道元禅師の生涯をかけた著作『正法眼蔵（しょうぼうげんぞう）』で、系統には諸説ありますが最大95巻に及ぶ思想書です。

その中に「道心」という巻があります。さすがに難しくて、私は原文のままでは読めないから、現代語訳されているものを読みました。それによると、

「また深く仏法僧の三法を唱えなさい。生まれ変わり、死に変わりの間じゅう、寝ても覚めても帰依三法を唱えなさい。肉体はこの世を去って、次の生に生まれるまでの間を中有というが、その間も常に帰依三法を唱えなさい」と言っている。

工藤　生まれ変わりについて書いてあるんですね。

鶴田　そうです。ほかにも「三時業（さんじごう）」という項目があって。道元禅師が3つの時の業、過去、現在、未来のことについて記しています。

工藤　3つの時。

鶴田　「いまの世に因果を知らず、業法を諦めず、三世を知らず」というのは、過去、現在、未来、つまり過去世、現世、来世を知らないものと一緒になってはいけない。因果律というのは、どのようなことも何らかの原因によって結果が起こるという考え方であり、この因果律にも私情の入る余地がないと。江原さんが書いている本にも通じることを言っているんです。

江原　それは初めて知りました。

鶴田　『正法眼蔵』なんてなかなか読む機会がないですからね。悪いことをすれば地獄に落ち、良いことをするから天上界に行ける。このことを知らせるために仏様はこの世に出られて、お釈迦様もこの世に出られて、達磨（だるま）大師はインドから中国に渡られたとあります。

善悪の報いには3つの時がある。1つ目は現世での報い、2つ目の来世での報い、3つ目はその来々世の報いであること。このことをよく知らなければ地獄に落ちて長らく苦しむことになると、「三時業」に記されています。

道元は53歳で亡くなります。最近の研究では『正法眼蔵』の中で、彼が亡くなる寸前まで朱を入れたのはこの「三時業」だと言われているようです。

工藤　なるほど。それだけ大切にされていたんですね。

鶴田　この過去、現在、未来。これを人々に知らせたいということで、道元禅師も、あの世のことをさかんに言っているんです。それを読むと、どう考えても霊魂を否定するなんていうのは、インテリたちの政治的思惑としか思えない。それで私もよくわかりました。

小林秀雄は心霊を否定しない

鶴田　また、知識人もいろんなことを言っていますが、ちょっとおもしろいのは評論家の小林秀雄です。たとえば彼の講演録などをまとめた『人生について』（中公文庫）の中に、1974（昭和49）年に行われたという「信ずることと知ること」という名講演があります。

それによると、超能力者のユリ・ゲラーが最初に来日した時に小林さんはそれを見たらしいのです。

小林秀雄の友人に、天台宗の大僧正で作家でもあった今東光（こんとうこう）の弟さんで、文化庁長官まで務めた今日出海（ひでみ）さんがいて、お父様が心霊の研究家だったそうです。それもあって小林さん自体も心霊学について触れていたから、「念力という超自然現象を否定する考えはない」と前置きした上で、「今度のユリ・ゲラーの実験にしても、これを扱う新聞や雑誌を見ていますと、不思議を不思議と受け取る素直な心が、なんと少ないことかに驚く」とあるんです。知識人たちはみんな冷笑していると言っています。

工藤　いまだって、そういう態度を取る人は多いでしょう。

鶴田　おっしゃるとおりです。それで「今日の知識人たちにとって、己の頭脳によって理解できない声は、みんな調子が外れているのです」と言います。それは「根底的な反省を欠いている」とまで。私は講演テープを取り寄せて何度も聞きましたが、この小林秀雄の態度というのはすばらしいと思うのです。

江原　頭の固いインテリたちに聞かせたいですね。

鶴田　また、フランスの哲学者、ベルグソンに触れたところもあります。引用すると、「私がちょうど大学に入った頃、ベルグソンの念力に関する文章を読んで、大変面白く思った事があります。その文章は、１９１３年にベルグソンがロンドンの心霊学協会に呼ばれて行った講演の筆記なのです」とある。

講演の題名が「生きている人のまぼろしと心霊研究」です。ベルグソンというのは心霊派で、あの頃の哲学者としては珍しい。江原さん、このロンドンの協会というのはご存知ですか?

江原　おそらくＳＡＧＢ（The Spiritualist Association of Great Britain）、英国スピリ

チュアリスト協会でしょうか。ベルグソンは英国の心霊現象研究協会（ＳＰＲ：The Society for Psychical Research）の会長に就いていたこともありますから、そのどちらかですね。

鶴田　英国というのは心霊学のメッカですからね。江原さんも何度か短期留学しておられましたから、それについては、後ほどくわしくうかがいたいと思います。

そのベルグソンがさる大きな会議に出席した時、たまたま話が精神感応の問題に及んだとあります。

江原　精神感応というのは、テレパシーのことですね。

鶴田　はい。フランスの高名な医師が、一人のご夫人から聞いた話として語られています。

「夫が遠い戦場で戦死した。その時にパリにいた夫人は、ちょうどその時刻に夫が塹壕で撃たれたところを夢に見た。それを取り巻いている数人の兵士の顔まで見た」と言って、その状況をくわしく語るんです。

それでよく調べると、事実はそのとおりだったことがわかったと言います。これに関してベルグソンは、「確かに念力という、いまだはっきり知らない意識によって直接視たに違いない」と肯定しているわけです。話を聞いた医師は懐疑的だったらしいのですが、ベルグソンはその医師のほうがおかしいと考えたというんですね。

工藤　ベルグソンは神秘主義を信じていて、念力というか、霊視を肯定したんです。

鶴田　長々と引用しましたが、いまの医学でもEBMということをさかんに言っていますね。エビデンス・ベースド・メディスンといって、「根拠に基づく医療」と言われるけれど、確実な証拠がなければ正しい治療と言えないということです。これはひとつの医学の進歩でもあって、もちろん意味のあることです。

たとえば、Aさんにはこの治療が効いた、ところがそれがBさんには効かなかった、ということがあります。医療分野では「ダブルブラインド」(二重盲検法)というのがあって、効果のある薬や治療法と、全く医療効果のないもの、たとえばうどん粉でつくったニセ薬、とで結果を比べるのですが、一見しただけではわからないようにして、統計的に差がないかどうかを厳密にみる。それがいまの医学なんですね。

ベルグソンの話に登場する医師の発言もやはり科学的な立場を踏まえた、あるいはそれにとらわれた態度だといえます。

そこで小林秀雄は、さまざまな話題に関して理性をもって話すとしても、「近代科学だけが学問ではない。その狭隘な方法だけでは、どうにもならぬ学問もある」と言うんです。そして、「大昔の人達は、誰も肉体には依存しない魂の実在を信じていた。これは仮説を立てて信ずるという点で、近代心理学者達と同格であり、何も彼等の考えを軽んずる理はない」として、謎めいた精神的原理の上に立って考え直すことで「新しい道が拓けるかも知れない」と言っている。とても柔軟で、自由な感性のもとで頑丈な扉をこじ開けようとするような態度でいらっしゃることがわかります。

柳田國男の不思議な体験

鶴田　仏典やら、哲学やら、いろいろ引用しましたが、最後にもうひとつだけ。同じ講演の中で小林秀雄が興味深いことを言っています。

彼は、日本の民俗学の開拓者として知られる柳田國男の『故郷七十年』という本を読んで非常に感銘を受けたというんです。

柳田さんは子供の頃、体が弱くてある旧家に預けられたそうです。そこにはたくさんの蔵書があり、14歳の柳田國男はそれを毎日読んで過ごしていた。その旧家の奥に土蔵があって、その前に小さな庭がある。そこに石で作った小さな祠（ほこら）があり、それは何かと聞いたら死んだおばあさんが祀ってあると聞かされます。

少年・柳田さんはその祠の中がどうしても見たくてたまらず、ある日思いきって石の扉を開けてみた。すると、ちょうど握りこぶしぐらいの大きさの蝋石がそこにあった。美しい珠を見て、不意に奇妙な感覚に襲われ、ふっと空を見上げたら、春の日の真っ青な空に、昼間にもかかわらず数十の星がきらめいているのが見えたと。

しかし、そこでピーッと鵯（ひよどり）が鳴いて、ハッと我に返った。そこで「もし鵯が鳴かなかったら、私は発狂していただろう」と言うんです。

小林秀雄は、「そこで柳田がわかったと感じた」と書いています。そういう柳田さんの感受性が、後の彼の学問につながっていると感じたというのです。

つまり、その美しい珠を目にしたことでおばあさんの魂に触れたかのように思い、そして昼の空に星の輝きを見て神秘的な暗示だと感じた。これもひとつの霊体験だといえるのだと思います。

工藤　おばあさんの魂がその珠に宿っていたということなんでしょうか。

鶴田　柳田國男が後から知った話として、祠にあった蝋石は、祀ってあるおばあさんが中風、いまでいう脳卒中で伏せっていた時にもなで回していたものだった。だから、おばあさんが亡くなった後、孫がその石をおばあさんだと思って祀ったそうなんです。そこに何かが宿っていたと考えてもおかしくはありません。

しかし、ここで重要なのは石うんぬんよりも、そのとき得られた直感が理性的な判断を超えていたとしても、その経験を軽んずることにはならないと言っていることです。

柳田國男が、14歳で非常にリアリティのある霊体験をしたと。その感性というものが、彼が後に手がけることになる『遠野物語』にもつながっているかもしれない。まさに日本の怪談を研究してまとめた小泉八雲と同じですよ。不思議な伝承をもとに民俗学を開拓してきて、日本人が持つ独特の感性というものに迫ったわけです。それを小林秀雄は非常に評価しているわけですね。

だから、近代的な理屈、科学的なだけでは、どうしても心霊研究というのはできない。やっぱり「体験」が必要なんです。

工藤　八雲のほうが少し先ですね。でも、地域の伝承をまとめたという点で重なります。

鶴田　だからやっぱりいきすぎた科学偏重というのはどうかと思うのです。世の中には科学的な見地では証明できないこともあり、ベルグソンも言うように、証明ばかりを求めるのもおかしいのではないかということなんです。

江原さん、先の心霊現象研究協会（ＳＰＲ）は、超能力や超常現象といった超心理学と一緒で、だんだん否定する方向に進んでいくわけですよね。

江原　ＳＰＲはそもそも心霊現象を否定するために始められたんですよ。だけど、どんどん否定できなくなって、むしろ本物かどうかを分析する方向に変わっていきました。

鶴田　心霊のメッカである英国でも、そして日本でも、近代では科学を重んじていて、心霊的な世界を否定するばかりか攻撃さえしてきます。

江原　どこか後ろめたいというか、怖いのかもしれませんね。でも小林秀雄がそんなふうに心霊学を擁護していたとは意外でした。

時代の波に翻弄された霊能力者たち

鶴田　近代の日本でも、科学と非科学の闘いがあったんですよね。これは、心霊科学協会とも少し関係してきますが、日本で心霊科学を始めたのは当時の東京帝国大学で心理学の助教授だった福来友吉（ふくらいともきち）という人です。

日本で心理学の教科書を初めて書いた人で、催眠に関する研究をしていました。その中で、催眠状態に入った人が、本来見えるはずのない、箱の中に入った文字などを読むことができた。あるいは、人が頭の中で◯とか×などの記号や文字を思い浮かべると、それを写真の乾板に写すことができることを検証していました。

江原　透視とか念写ですね。封印されて外から見えないものが見えたり、念じたものを写すことができる。

鶴田　福来友吉も最初は懐疑的だったようですが、霊能者らの協力を得て、明治の中頃からおわりにかけて何度も実験し、どうやっても明らかだということで発表しました。

ところが、それは非科学的だと批判を受けることになります。当時の東大総長は山川健次郎、幕末に会津の白虎隊に入隊していた人です。この総長を巻き込んで公開実験を行ったのですが、いくら霊能があったとしても、人から疑いの視線を向けられた状態では精神を集中しきれません。

工藤　そんな興味本位な人に囲まれていては、できることもできなくなりますよね。

鶴田　そうなんですよ。そこで、しかたがないから条件をつけてやってみせた。すると、それが学者たちの反感を買い、インチキだといわれてしまったんです。でも、何の利益もないのに協力してくれた人たちが、そんなインチキをするはずがないんです。

協力してくれた霊能者の中で、当時「千里眼」と呼ばれて注目された御船千鶴子(みふねちづこ)さんは、すぐれた透視能力を持っていましたが、実験に成功しても非難されるばかりで、思い悩んだ挙げ句に自殺をしてしまいます。

また、裁判官夫人の長尾郁子さんは、御船さんの報道に触発され、修練を積んで能力開発をした人でした。彼女は透視と念写の能力がありましたが、学者たちに疑われたり、さまざまなストレスもあったのか、急性肺炎で亡くなってしまいます。

後世になっていろいろ調べると、否定する人たちがむしろインチキをしたように見せていたこともわかっています。

工藤　それは胸が痛いです。

鶴田　福来は「きちんとした条件下で行われた実験結果は事実として認めなくてはならない」という立場をとりましたが、結局は福来も東大を追われてしまいます。

私自身が思うのは、「心霊科学」という呼び方ができるように、こうした現象で得られる結果も一つの科学だと考えていいのではないかということです。

古今東西にさまざまな現象があって、そこには共通の現象があったりする。あるいは似かよった臨死体験をする人もいる。民族も違う、時代も違う。でも、データを集めていくと、ある種の共通体験というものを積み重ねていくことができます。

論理的な思考法には、「演繹法」と「帰納法」があります。前者の「演繹法」は、一般的な原理や法則から考えを導く方法です。

例を挙げると、「鳥は卵を産む」→「にわとりは鳥である」→「だからにわとりは卵を産む」と考えるのがそうです。先に前提となる法則が必要ということになる。

反対に、出来事やデータから論理を導くのが、後者の「帰納法」です。

「Aは箱に隠されている文字が読めた」↓「Bは念じるだけで紙に図形を写した」↓「透視、念写などの超能力は存在する」というわけです。

　こうしたデータを積み重ねていくと、これは「帰納法」として論理的に考えられるわけですから、一種の科学として認めてもいいのではないかと思っているんです。

　そして、心霊学においてそうした形で真理を追求していくことは日本心霊科学協会の使命でもあるのではないかとも考えているんです。

“お山”の上の大騒動

鶴田　知識人たちがバッシングをするのは、一種の正義感によるものかもしれませんが、それが現代にまで続いているような気がしますね。
工藤　正義感なんでしょうかねえ……。
江原　正義感ならまだいいんですけど、ちょっとした笑い話があるんです。その時、私はまったく笑えませんでしたが……。以前に高野山大学で講演を頼まれたんです。

有名な高野山真言宗の大僧正・伝灯大阿闍梨の池口恵観(えかん)さんからぜひ来てほしいといわれました。なぜならば「このままでは高野山大学が潰れます。それでスピリチュアルケア学科というのを作りました」と。ちなみに、この学科はいまではもう募集されていませんが。

その学科の新設にあたって講師をしてくれないかという依頼でしたから、最初に講演という形で高野山に行ったわけですよ。

工藤　そんなことがあったんですね。

江原　たまたまですけど、私は真言宗なんですよ。そんなこともあって行きましたら、本当に〝坊主めくり〟みたいな世界なんですよね（笑）。

工藤　坊主めくり？

江原　お坊さんたちが山ほどいるということですが、それだけでなく、なんというか、一種の政治的な世界なんですよ。

鶴田　権力闘争ね。

江原　そうです。その日は講堂で講演をすることになっていて、実はそのとき、高野山始まって以来と言ってもいいほどの大勢の方がケーブルカーに乗って来てくださったんですよ。

工藤 講演会のために。

江原 ありがたいことです。それで、もう講堂に入りきらないぐらいの人数になってしまいました。しかし大学は、真ん中のすごくいい席を、お坊さんたちの席として確保していたつもりだったらしいんですよ。でも基本的に自由席だったものだから、お客さんが座ってしまいました。

工藤 一般の方々が。

江原 でもそこは、宗教的な聖地でもある〝お山〟なのですから、来てくださった方々に感謝して「どうぞ座ってください」と言うべきところでしょう？

工藤 普通はそうですよ。

江原 「よく来てくださいました」ですよね。ところが、内部では「自分たちの席がなくなった」と大騒ぎになったんです。

工藤 立って聞くことだってできるでしょうに。

江原　結局、席が足りなくなったことで、坊さんたちがバルコニーに座ることになりました。私は、「もう知らない、勝手にやってください」と放置して、空海の肖像画を背にして講演しました。「スピリチュアルケアの基本として、お葬式はどうしてするのか、お守りや護符というのは何なのか」など、さまざまなことをお話したんですよ。

当時いろいろと叩かれ始めていた頃でしたし、「仏教に携わるあなたたちが味方してくれるのが普通でしょう」と思っていました。そもそも来てほしいというから、私もうかがったわけですから。なのに、自分の席がないことばかり気にして……。

工藤　それからどうなりましたか？

江原　その後、懇談会があって、そこがさらなる坊主めくりの世界。こっちに池口恵観さん、こっちに学長という感じですごいんですよ。その場でスピーチがありまして。私はゲストですよ。呼ばれたから行ったのに「これからも江原さんには、こうやって客寄せパンダになっていただいて……」と言われたんですよ。

私の講演の内容について関心も持っていなかった。評価もコメントもなかったのです。

工藤　失礼ですねえ。

江原　もうバトルですよね。だから、ここはさっさと退散しなきゃいけないと思って（笑）。私はそのことをずっと覚えているから、だいぶ後になってテレビ番組で暴露してしまいました。

鶴田　彼らはきちんと勉強もせずに、アンチなんでしょう。

工藤　そうでしょうね。高野山のお坊さんは、下界に降りていくと、もう神様みたいに扱われるでしょうし。

鶴田　仏教の大学というのは、結局、跡取りになるためだけにそこに来ている人が多いのではないですか。

工藤　そうでしょうね。

江原　そうはいっても、ちゃんとしたお坊さんもいました。心ある人は、〝お山〟がひどい状況だから助けてほしい、と言っていました。私が泊めていただいた宿坊でも、ご住職は若い方でしたけれど、非常にありがたい講義だったと話してくださった。

工藤　ちゃんとわかる方もいるんですね。

シスターが見せた癒しの力

工藤　ここまで先生方のお話をうかがっていて、カトリックも同じじゃないかなと思って。

江原　今グチャグチャになっているようですね。

工藤　もちろん立派な方もいるんだけども、聖職者としてそれでいいのかと思うような人もいるし。

江原　本当におっしゃるとおりですよ。今度、著名な宗教学者の鎌田東二先生との鼎談でご一緒するのが、グリーフケアやスピリチュアルケアの第一人者として知られるシスター高木慶子先生です。ご先祖は浦上のキリシタンだそうで、日本スピリチュアルケア学会を立ち上げた方。

実は一時期、シスターは私をバッシングしていたと、周りから思われていたんです。でもご本人から、「それは誤解です。学会を立ち上げるために言ったことが、あなたを傷つけることになってしまった」と謝罪を受けたんです。

工藤　きちんとお詫びをされたんですね。

江原　要するに、スピリチュアルという言葉を使うと、誰でも霊能者になれるのかと誤解してしまう人がいるんです。

そこでシスターがおっしゃったのは、「私が言いたかったのは、霊能力を否定することではなくて、文字通りのスピリチュアル、精神や心のケアが誰でもできるように、という主旨であって、決して排除したつもりはありません」ということでした。

工藤　たしかにそこは誤解されやすいところですよね。

江原　日本スピリチュアルケア学会では、「スピリチュアルケア師」の資格認定制度もあって、臨床現場などで活躍する専門職の育成を目指しているそうです。

でも、日本のキリスト教関連のある種の権威にあった方で、明らかに私をバッシングしていた人もいるんですけどね。その人は、あなたとは全く世界が違う、考え方も違いますというスタンスを貫いていらっしゃいました。

鶴田　仏教でも、キリスト教でも、象牙の塔ですね。

江原　それでいうと、シスター高木よりも少し年上の鈴木秀子先生は、本当に私の応援団なんです。私はシスター鈴木とお呼びするんですが、聖心女子大学の教授を経て国際コミュニオン学会名誉会長を務めていらっしゃる方です。

鶴田　江原さんは鈴木さんと『日本人の希望』（講談社）という本を出していますよね。あれはいい本でした。

江原　ありがとうございます。シスター鈴木は死後の世界も認めているし、ご自身が臨死体験をされています。シスター自体がヒーリング能力をお持ちなんですよ。実際にケアを行っている場面がNHKのドキュメンタリー番組で放送されたこともあります。あれはすごいと思いました。

工藤　ヒーリングしているところを？

江原　ある信者さんのおばあさんがすごく苦しんでいるから、「シスター、なんとかなりませんか」と言われる。そして、シスターがおばあさんの隣に座り、その方の手を取って、呼吸を合わせていくと、だんだんおだやかな表情に変わっていくんですね。

そして、どうしてこんなに苦しんでいるのかを探っていくと、過去に自分のせいでお孫さんを事故に遭わせて、ケガをさせてしまったと。それ以来、ずっとつらい気持ちを抱えていて、自分を責めているということがわかってくるんです。

工藤　ああ、よみがえってきてしまうと。

江原　それでシスターが「だけど、もうお孫さんは成長して、こんなに素敵になっていますよ。あなたのことを許すとか、許さないという問題ではないですよ」と語りかけていく。そうしたらこわばっていた体がほぐれて、顔にもほほえみが浮かぶようになっていくんです。

番組ではそれを「信仰の力」として表していたけれど、あれは間違いなくシスターのヒーリング能力でしたね。

心の目を開くことが大切

鶴田　ヒーリングの効果もそうですが、体験していなければわからないものです。よく知らない人が安易にアンチやバッシングをするのも、それが一番の原因だと思います。

江原　ただ、最近になって私には逆の考えもあるんですよ。

スピリチュアリズムの中でも「ウィリアム・ジェームズの法則」というものがあります。19世紀の後半から20世紀初めのアメリカの哲学者・心理学者ウィリアム・ジェームズの発言に端を発しているとされています。彼は、「心霊現象は解明されない」と言っているのです。

鶴田　なるほど。

江原　ジェームズは、超常現象にも関心を持っていましたが、そうした現象は「それを信じたい人には信じるに足る材料を与えてくれるけれど、疑う人にまで信じるに足る証拠はない」というのです。超常現象は本質的にそういう限界があり、霊界がそれを意図していて、あえて認めさせないようにしている、と。

それを指摘したのがイギリスの作家・評論家のコリン・ウィルソンです。彼が「ウイリアム・ジェームズの法則」と名付けたとされています。

鶴田　私も思い出しました。心理療法家の笠原敏雄氏もそれについて「超常現象のとらえにくさ」（春秋社）の中でくわしく書いています。

江原　先ほどの仏教界のお話のように、本来なら心の世界を扱うべき宗教界の重鎮が、魂や心霊を否定しているという現状があります。
でも、それを認めさせればいいかというと、そうではないのかもしれません。それよりも個人の体験の中で、心の目を開く、心から信じる方が大事なのではないでしょうか。自分にとって真実は何なのか、自分は何を信じるのかをクリアにして疑わないことです。既存の宗教界だけではなく、昨今、隆盛を極めるスピリチュアル業界においても、海の物とも山の物ともつかない魑魅魍魎が跋扈しているんですよ。

工藤　たしかに、とんでもない人もいる。

江原　とんでもないものだらけですよ。いまは動画やネットの世界にも膨大な情報があふれている。一言でスピリチュアルといっても、いろんなグループや団体があります。私に対してイベントや講演の依頼もたくさんいただくのですが、信用できない人たちの集まりに一度も出たことはありません。
よくイベントブースで商売をやっている人たちがいますが、一度かかわると、そうしたものも私が肯定して勧めていると受け取られてしまいかねません。これは大問題ですから。

工藤　商業利用されてしまいますよね。

江原　さっきの高野山大学の話も、ある意味では商業利用なんですよ。スピリチュアルの世界でもそうなんです。だから私はもうどちらにも距離を置いています。
もちろんこうした本であるとか、いろいろな活動で伝えたいことはありますが、本当の意味で理解してもらうには、個人の心の目が開くことを待つしかないと思います。

第5章

日本心霊科学協会の80年

日本の心霊主義運動の父・浅野和三郎

鶴田　日本の心霊研究の先駆けは、先ほどもお話しした東京帝国大学で催眠心理学を専門とした福来友吉でした。しかし残念ながら、彼の透視と念写の実験にはさまざまな横やりが入り、半ば追放されるような形で大学を辞めてしまいます。

その同時期に、日本の心霊主義の礎となったのが浅野和三郎です。浅野は、日本心霊科学協会の前身である「心霊科学研究会」を１９２３（大正12）年に設立しました。そこから現在に至る心霊研究の経過を振り返ってみたいと思います。

江原　浅野和三郎はもともと新派神道、いわゆる新興宗教の大本で力を持っていました。

鶴田　彼は子どもの病気をきっかけに霊的なものに目覚め、実践的な心霊研究を行っていた大本に入信し、有力信者として言論活動においてめざましい活躍をみせました。しかし、１９２１（大正10）年に第一大本事件があって大本を離れたんです。

工藤　出口王仁三郎さんと対立したんですね。

鶴田　はい。そういえば、さかのぼると浅野は東京帝国大学の英文学科の学生として、小泉八雲（ラフカディオ・ハーン）の教え子だったそうです。

工藤　意外なつながりがあるものですね。

鶴田　大本を出た彼が心霊科学研究会を創設したのが１９２３（大正12）年。その後、１９２８（昭和３）年にはロンドンで開催された第３回国際スピリチュアリスト会議に出席していますが、このときに福来友吉も同行しています。浅野らは心霊学の本場である英国で研究を深め、多くの文献を持ち帰ったようです。

江原　その後、１９２９（昭和４）年に東京心霊科学協会の設立に至ったわけですね。

鶴田　浅野の妻である多慶子さんが非常にすぐれた霊媒だったんです。降霊会をすると多慶子夫人に霊がかかり、霊と通信しながら研究が進められました。

その成果が形になったひとつが浅野の次男である早逝した新樹（しんじゅ）さんとの通信集です。

江原　『霊界通信　新樹の通信』（潮文社）ですね。浅野には、20代の若さで亡くなってしまった新樹という次男がいるのですが、妻・多慶子（新樹の母）に新樹さんがかかって、通信を行った顛末がまとめられています。

鶴田　新樹は、日露戦争の起こった１９０４（明治37）年に生まれ、旧制専門学校を卒業後に電気関係の会社に就職します。当時、中国遼東半島の先端部の租借権は日本にあり、アジア有数の貿易港だった大連には日本人も多く住んでいました。新樹は会社の大連支店に配属され、現地で暮らしていましたが、急死してしまいます。

直前まで元気だった息子が海の向こうで亡くなり、浅野は遺骨を受け取るために現地に赴きます。ところが、父の留守中、ある霊媒に新樹がかかり、それにたまたま立ち会っていた叔父（和三郎の弟）の浅野正恭が、死んだことに気づかないまま頭やお腹を抱えて苦しがる新樹の霊のありさまに遭遇します。

そこで浅野正恭は、彼に死の自覚を促すため、もう亡くなっていることを伝えると、「えっ！　もう死んだのか、僕は……」と驚くんです。

江原　おもしろいというと語弊があるかもしれませんが、細部まですごくリアリティがあって、とても興味深いです。

鶴田　本当にそうですね。その後、約百日が過ぎたら、母の体に降りて通信をしたい、若くして死んだ埋め合わせに幽界の状況を報告して、父の仕事を助けたいなどという約束ができ、やがて通信を始めることになります。

工藤　あの世の息子と通信をするんですか。

鶴田　はい。母の体を使って通信が始まり、まずは本人かどうかを改めて確認することになりますが、母を通じて彼に宿題を出し、別の霊媒を通じて答えさせたりして、本人で間違いないだろうということになります。

そして、どんな着物を着ているか、食事はするのか、眠るのかなど事細かに聞いたり、生前の記憶はあるのか、幽界人たちがどんな形態をしているのかなどを尋ねます。

そして、亡くなった彼には5人の指導霊がつき、その中の1人によく世話をしてもらうものの、思えばすぐに伝わるので名前は知らないでいるということが語られたりします。

彼によると幽界においても修行が必要で、書物で調べ物をしたり、精神統一をする必要があるのだそうです。

工藤　へえ。おもしろいですね。

江原　「新たに帰幽したものが、何より苦しめられるのは現世の執着であり、煩悩であり、それが心の闇となりて一寸先もわからない」ともあります。まさにこの世の霊たちがさまようのと同じです。「帰幽」とは霊界へ帰る、つまり亡くなることですね。

現状を抜け出すためには精神統一の修行が必要で、そうしないと「上へは進めないぞ！」と指導役のおじいさんから怒られると言います。

鶴田　この世の人が彼を思い出すと、それは彼にもわかるというのは非常に興味深いです。また、お墓は人間界だけのものだとか、お宮は霊魂の通うところで、あの世にも伊勢の大廟（伊勢神宮）や明治神宮もあるとか。

彼との通信は長く続き、実にいろいろな通信が展開されますが、父の浅野和三郎は１９３７（昭和12）年に亡くなります。

その後、叔父の正恭が10年ぶりに新樹と通信をして尋ねると、「父の病気は母の守護霊から聞いていた」と言い、「父と会うことはまだ許されない」と言うものの、新樹もその時には霊視ができるようになっていて、「父の臨終に際して、霊体離脱の様子を神様から見せてもらい、感慨深かった」とも言ったりする。

江原　これは本当に貴重な通信の記録ですよね。もっと多くの人に知っていただきたい内容です。

領民の危機を救った小桜姫の物語とは

江原　また、もうひとつ興味深いのが『霊界通信　小桜姫物語』（潮文社）ですね。これも通信記録としての価値があるだけでなく、歴史物語として読みごたえがあります。浅野の妻である多慶子夫人の体に降りてきたものが、「私は三浦一族の……」と語り始め、「小桜姫」と呼ばれていた人物だったことがわかるところから物語が始まります。

工藤　それはいつごろのことなんですか？

江原　通信が行われたのは1936（昭和11）年頃ですね。

鶴田　小桜姫が生きていたのは戦国時代で、相模国の武士・三浦荒次郎（義意）の妻だった方です。荒次郎は伊勢宗瑞（北条早雲）に滅ぼされてしまいますが、小桜姫は夫が亡くなった後もその地を離れず、地元の領民からとても慕われていたんです。

その後、彼女も亡くなりますが、ある時、沿岸に大津波が迫ってきた時に、ある漁師の妻が小桜姫の墓に必死の祈願をします。霊となっていた小桜姫はそれを聞き届けて竜神に伝え、そのおかげで三浦周辺は津波の被害が少なかったといわれています。

江原　今でも小桜姫の祠があります。神奈川県三浦市の諸磯神明社に小桜姫神社もあって、反対側が三浦荒次郎の墓なんですよ。

鶴田　なるほど、そうなんですか。

江原　亡き夫や一族の霊を弔いたいとけなげに尽くした「貞女の鑑」と言われて。

工藤　ぜひ読んでみたいですね。

江原　本書は史実に基づいた話としてロマンがありますが、それだけでなく幽界の話がいろいろ紹介されているんです。死んだ後に神様の力で目覚めさせてもらったことや、竜宮界の豊玉姫や玉依姫のこと、天狗や竜神、修行場のことなど、あの世の生活が垣間見えて、こちらも非常におもしろいと思います。

鶴田　浅野は、この『小桜姫物語』をまとめた後に急性肺炎で亡くなってしまいます。それが１９３７（昭和12）年のことで、やがて日本は第二次世界大戦に突入していき、協会の活動は中止せざるを得なくなってしまいました。

研究と霊能開発の両面での活動

鶴田　戦後になると、１９４６（昭和21）年に弁護士の吉田正一が中心となり、浅野の理念を引き継いで日本心霊科学協会が新たに設立されました。

実は、吉田の妻の綾も非常に力のある霊媒だったんです。それで吉田正一が審神者となり、綾を霊媒としていろんな通信を受け取っていたんです。

江原　綾に降りてくるわけですね。

鶴田　その通信霊が、８００年前くらいの鎌倉時代の僧侶で、『万葉集』の研究家でもあった。そうすると通信も万葉仮名で来るわけですよ。だから万葉仮名を、まず筆記していくんです。

江原　鎌倉時代でもかなり古いのに、『万葉集』はさらに昔ですからね。意思疎通はだいぶ難しいでしょうね。

鶴田　万葉調ですからね。『万葉集』の専門家が通信に送ってくるから。しかも吉田綾は目が悪くて勉強もあまりしてこなかったから、『万葉集』もよく知らないんですよね。

ただ万葉調の歌などが万葉仮名で通信できても読めない。あとは霊聴で聞かせてもらったりしたそうです。

江原　綾だけではなくて、ほかにも霊能力者を育成していたりしたのですね。

鶴田　心霊科学として、学術研究と霊的能力の両面での活動というのが目指すところだったわけです。

工藤　本当に歴史を感じますね。

鶴田　吉田綾の力は際立っていたので、いろんな通信を受けるのですが、日々の活動はどのようなものかというと、「精神統一研修会」というのをやるんです。現在のわれわれが精神統一と呼ぶものと同じです。

私たち会員が落ち着いた静かな心で座って、瞑想をするような感じで精神統一をする。その後ろに吉田綾ら霊能者が立ってメッセージを受け取るわけです。それを霊査と呼びますが、必要に応じて会員に伝えていきます。

霊能者はいろいろな方がいますが、ここまでにもたびたび登場した審神者の大西弘泰先生は本当にすごい能力の持ち主でした。その大西先生の弟子で名古屋にいた玉井二良氏は中日新聞にお勤めの人でした。名古屋で毎月精神統一と霊査があって実際に会ったのですが、この人の能力もすばらしかった。

江原　すばらしい人材はたくさんいたわけですね。でも、せっかくの伝統があるのですから引き継いでいく必要がありますよね。人材の育成というのは重要な責務だと思います。心霊学に関しては、霊能者がいないことにはたしかめることができないわけですから。

工藤　おっしゃるとおりですよ。

波長の法則への気づきをくれた師匠の言葉

鶴田　その大西先生に続くおひとりが寺坂多枝子先生。

江原　私の師匠です。

工藤　そうなんですか。

江原　これは私の話になってしまうけど、18歳の時に日本心霊科学協会の門を叩きました。

工藤　若き日に。

江原　私の子どもの頃の話で、母が亡くなる前に、「自分で自分を守ること、人に与えることを喜びと感じること」を言い残したと先にお話ししたのですが、ほかにも母が言ってくれたことがあるんです。それは「おまえは18歳までは守られる。でもそれからは自分の力で生きなければいけないよ」ということでした。

母が告げた通り、私は18歳を迎えたあたりから、周りに心霊現象が頻発するようになりました。自分の人生はいったいどうなるのか。この先の人生をどうするかで、本当に途方にくれていたんです。20人くらいの霊能者に会いましたが、お金がかかったわりに、答えが見えませんでした。

工藤　いまもそうですけど、玉石混淆な世界ということですね。

江原　最後に行き当たったのがこの寺坂先生でした。先生はこの日本心霊科学協会の講師をしていらっしゃったんです。

工藤　ご存命なんですか。

江原　いや、もう、とうの昔にお亡くなりになりました。

先生に出会うまでの私は、同じ大学に進んだ友人と同居をすれば、家の中でさまざまな心霊現象が起こるし、警備員のアルバイトをすれば亡くなった人が座っているのが見えてしまうし、当時は何をどう対処したらいいのか、まったくわかりませんでした。

アルバイト先で、本業は修行僧であるという人に出会い、その方は親身になって霊媒師を紹介してくださったのですが、私は非常に因縁が強いそうで、「生きているのが不思議なほど」だと言い、すぐに供養をしなさいと言われました。

そうなのかと思って、供養のために経本を読もうとすると、なぜかポルターガイスト現象が起きてしまい、読むのを止めると収まったりする。もう手のつけようがありません。

それで、わらをもつかむ気持ちで、霊能者巡りをするようになりました。霊能者にもいろいろな人がいて、私の話をまともに聞かず「先祖供養をしろ」としか言わなかったり。

父も母も亡くしている私の身の上を話せば、誰が見ても呪われた家と思うのでしょう。それでいて解決に導いてくれる人はひとりもいませんでした。

ですから、協会の門を叩いた時は、「ここでもダメだったらもう死ぬしかない」くらいの気持ちでした。

工藤　そんなに思い詰めて。

江原　それで寺坂多枝子という人に会った時、初めて「無理ですよ。あなたは持って生まれた体質だから」とはっきり言ってくださったんです。

工藤　先生にはわかったんですね。

江原　はい。先生は「どうしてあなたがそういう状況で振り回されているのかというと、あなたの人格が低いからですよ」と、きちんと心霊のしくみも含めてわかるように話してくれました。

すべては波長の法則に基づいていて、いわゆる「類は友を呼ぶ」ということだったのです。「あなたがろくでもない人間だから、そういうろくでもないものが寄って来るんです。これから勉強して成長しないとね」とおっしゃって。そこから育ててもらったんです。

鶴田　神官になるのを勧めたのも寺坂先生ですね。

江原　そうです。「あなたも男だしね。あやふやに生きていくわけにはいかないんだから神主になりなさい」と。神主だったら霊能があっても、その中で生きていけるからと言って、親のように心配してくださいました。

ちなみに、その言葉に従って通った國學院大學で、鎌田東二先生の倫理学の授業を受けたのですが、それから37年ぶりに、日本心霊科学協会で再会したんです。

鶴田　鎌田東二先生も日本心霊科学協会の顧問ですからね。

江原　当時教え子だったことをご存じではないかなと思ってお会いしたら、「37年ぶりだよ。江原君」と。

鶴田　それで鎌田先生・高木先生との鼎談が収録された書籍『未来が視えない！　どうしてこんなに通じ合わないんだろう?』（ホーム社）を出されたんですよね。

江原　ありがたいことに、やっぱりこれも日本心霊科学協会のご縁ですね。

心霊の本場・イギリスとの架け橋に

江原　そうした経緯があって、私は18歳の時から協会に来ていたのですが、後に協会のお力添えをいただいて、イギリスに行くことになります。当時、向こうに行く人はほぼいなかったんですよ。

鶴田　浅野は行っていたけれど、それは戦前の話でしたし。

江原　イギリスに行ったことがあるという霊能者もいたけれど、寺坂先生も含めて協会からは視察に行った程度でした。それ以上、現地に長く滞在したり、そこで腰を据えて学ぶようなことはありませんでした。

鶴田　行ったとしても、見学しただけだったんです。

江原　しかし、東洋からいきなり行っても、きちんと対応してもらえません。でも、やっぱり本場を知りたかった。そこで寺坂先生も背中を押してくださり、当時、協会の理事長だった小池博子先生にもお願いしてくださって、協会からの推薦状をいただくことができました。それを持ってＳＡＧＢとか、いろんなところに行ったんです。そうしたら向こうでも対応をしてくれるわけですよ。ロンドンのサウスケンジントンに、カレッジオブサイキックスタディーズっていうものがあるんですよ。いわば心霊学校ですね。

工藤　そんな学校があるんですか⁉

江原　建物として１棟を所有しているんです。カリキュラムも整っていて、ちゃんと勉強をして出ようと思ったら最低6年はかかるほど。

工藤　試験とかあるんですか？

江原　なかなか卒業できないくらい難しい試験があります。

鶴田　イギリスはすごいんですよ。健康保険がきく心霊治療もあるくらい。

江原　そこでワールドフェデレーションとか、海外在住者でヒーリングを勉強した人が加入する団体の会員になったんですよ。

実はそれが後になって問題になりました。協会の歴史とは話がそれてしまいますが、だいぶ時間が経ってから判明したのは、私が登録した団体が潰れてしまっていたんですよ。私にその情報が来なかっただけなのに、インチキなところに入っているとすごく叩かれました。

鶴田　15年くらい前のことですね。ニューズウィークの日本版に載っていました。

江原　そんな団体はないとか。私はもう、狐につままれたような気持ちでしたが、ロンドンのあちこちに連絡したら、潰れてしまったのだと。

工藤　でもねえ。

江原　ひどいでしょう。だから、私にしてみればハメられたというくらいの気持ちですよ。

鶴田　出る杭は打たれる、でね。先ほど仏教界のお話をしたけれど、権威とかインテリ、そして一部のマスコミのゆがんだ正義感というか、あるいは心霊に対する逆風という面もあるかもしれませんね。

綺羅星のごとき霊能者たち

鶴田　話を戻すと、江原さんはお師匠・寺坂先生の後押しもあって、イギリスに行く決意をされたということですか?

江原　私にはもう一人の師匠がいるんです。それは佐藤永郎先生という人で、この人は協会の人ではないんですけど、浅野和三郎の妻、多慶子さんにかわいがられた人です。

鶴田　やっぱりつながっていますね。私も佐藤先生にはお目にかかったことありますよ。

江原　ひげが生えて仙人みたいな人。

鶴田　そうそう、あの方はヒーラーですね。

江原　イギリスにハリー・エドワーズというすばらしいヒーラーがいて、その人から直接「あなたはヒーラーになりなさい」と言われたそうです。私の2人の師匠が、両方ともイギリスで目覚めた経験をしていて、その2人から「行きなさい」と言われたんです。日本では、霊能者っていうのはお山の大将みたいになってしまうからと。

工藤　そうですねえ。それでイギリスへ。

江原　最初は、先ほども話に出たSAGBに。でも、いまはもうだいぶ廃れてしまったのですが、昔はベルグレイブ・スクエアという大使館とかが並んでいるような一角で、ビクトリアステーションにも近いところ。そこに立派な建物を持っていたんです。100年単位のリースで寄贈されていたんですが、そのリース延長料が払えなくなって出ることになってしまったようです。

工藤　どんなところなんですか?

江原　言ってみればもう心霊デパートでしたよ。レセプションがあって、地下にキャンティーン（食堂）があって、あとホールが2つもあったんですよ。1つはコナン・ドイルのホール。

工藤　『シャーロックホームス』シリーズのアーサー・コナン・ドイル？

江原　そうです。コナン・ドイルの座っていたというイスが置いてあります。また、アメリカのリンカーン大統領が、南北戦争中の1862年に奴隷解放宣言をしたのは、ネッティ・コルバーン夫人という霊媒が伝えたことがそのきっかけになっています。そうした歴史もあることから、リンカーン像もあります。

工藤　へえ。

江原　降霊会で「奴隷を解放しなさい」という霊験があったのだそうです。「そうすれば国民がみんな鼓舞されるから」と。それに従って奴隷の解放に至ったそうですよ。

鶴田　歴史を動かしたんですねえ。

江原　奥には4畳半ほどの部屋が7つぐらいあって、そこには毎日ミディアム（霊媒）が来て、シッティングという対面カウンセリングみたいなものをやっています。チケットを買って、コンコンと扉をノックして入っていく。

部屋に入ると『すべてこれは実験です』という文章を読まされて。席に着くと、「あなたはこういうことがありましたね」、「○○という人が来ています」などと言われ、それにはイエスかノーかだけで答えていくんです。そこでは本当に驚くようなことがいろいろありましたよ。

上の階にもホールがあって、5階がヒーリングルーム。ヒーラーたちがチームになって、曜日ごとにスタンバイしています。

工藤　すごいですね。

江原　コインをドネーション（寄付）すると、誰でもヒーリングを受けられる。ベッドが並んでいて、カーテンを締めて。私が感動したのはそこにホームレスも来ていたことです。

鶴田　本当に誰でも受けられるということですね。霊能者には有名な方も多いんですよね。

江原　心霊の本場だけあって、人数も多いし、知名度の高いミディアムもたくさんいるんです。絶大な人気のあった霊能者のドリス・コリンズという人がいて、私は彼女に会いたくてそこに行ったほどです。

工藤　会いに行ける霊能者。

江原　名だたる霊媒たちも、そこで毎日スケジュールが決まっていて、何曜日が誰とか、スター霊能者たちの予定がわかるんです。

そこで私が、とてもかわいがってもらったのが、コラル・ポルジ。サイキックアーティストの女性で、50人ほど入れるホールの舞台上で、降りてきた霊の絵を描くんですよ。これはデモンストレーションとよびます。

そこにはミディアムがもうひとりつくのですが、それは日によって変わります。その人が、降りてきた霊の関係する人に「あなたです」と霊からのメッセージを伝えてくれます。すごいのは、コラルともうひとりのミディアムは、どんな霊が降りてきて、その場の誰に関係しているのかをちゃんとわかっていることです。もしそれがウソだったりしたらできないことでしょう。

工藤　視えているからできる。

江原　それに、描いている人がしゃべるんだったらわかるけど、コラルはとにかく描くだけなんです。人物の輪郭を書き始めている間に、もうひとりが「そこのあなた。この人はあなたに関わる人です。◯◯の若い人です。どうですか?」とか言って、イエスとかノーで答えていくんです。

私もとにかく当ててもらいたくて、何回も何回も来ているものだから、コラルが「ごめんなさい。今日もあなたは当たらなかったわね」と言ってくれるようになって。

工藤　最終的には当たったんですか?

江原　当たったんですよ。コラルが人物の輪郭を書き始めて、その日のミディアムはジェフリー・ヘイワードという男性でした。その人は弱視というか、目が悪い方なんです。それで「あなた」と私もついに呼ばれて、「この人はあなたに関わっている人です」と言ってね。最初は輪郭だけだからなかなかわからなかったけれど、しだいにわかったのは母で……。

工藤　すごい。

鶴田　絵には特徴が出るんですか。

江原　それが若い時の姿で、コラルが描きながら、「ああ、この人はすごくシャイだ。なかなか出てこない」と言っていて、ヘイワードは私に、「この人に関わる人でタケシという名前を言っています」と。それは私のおじのことだったんです。

鶴田　お母さんのご兄弟なんですね。

江原「タケシのことを気にしていて、すごく心配している」といって。その時はよくわからなかったんですが、ロンドンから帰ったら心臓の病気で倒れたんですよ。それでバイパス手術を受けることになって。

だから、まさに言われた通りだったんです。関係した人の絵はもらえるので、今でも大事に持っています。コラルはもう亡くなってしまったけど、霊の絵を集めた彼女の画集も出ているほどなんですよ。

協会の今後に向けて望むこと

鶴田　私も江原さんも、かつては佐藤愛子先生の霊障の問題が起こっていた当時などは、日本心霊科学協会の活動でよくご一緒していたのですが、それぞれ自分の仕事が忙しくなり、協会とは距離ができてしまいました。

しかし、数年前から理事として声がかかり、また戻ってきたんです。

江原さんも、イギリスから帰国して、勉強したことを活かしたいとお考えになったけれど、協会ではそれを活かせなかったということもあるのではないでしょうか。

また、協会自体も、かつては大西先生や寺坂先生、玉井二良先生をはじめとして、すぐれた霊能者がたくさん在籍していたけれど、どうも昔とは少し様相が異なる気がしているんです。

江原　私は、仏教界で起こったようなことが、この協会の中でも起きていたと思います。協会には学者肌の人が多くて、霊能というものよりも研究を優先したということもあるのではないでしょうか。

鶴田　公益財団法人ですし、インチキや商売っ気がないのはいいけれど、〝武家の商法〟になりがちなのでしょう。それと、たしかに霊能者の後進を育てるということには力を注いでこなかったという一面もあります。

ただ、いまもいろんな人がいて、みなさんがんばっています。精神統一研修会も連日のように開かれています。

江原　霊能の能力開発ということでいうと、私が師のもとで学び始めた頃は寺坂先生の巣鴨のご自宅で清玲会という集まりが開かれていたので、私もよくそこに行きました。あとは個人レッスンみたいな形で招霊実験をしたり。霊を降ろすには「口切り」をやらないといけないので、そうしたトレーニングをしていました。

工藤　口切り？

江原　要するに最初、霊媒ができるようになる訓練です。

工藤　そんなのあるんですか？

江原　亡くなった霊は何百年も経って久しぶりに肉体を使うわけでしょう。声帯の機能とか、肉体の使い方が分からないわけなんです。それで「『あー』って言ってごらんなさい」と誘導したり、手を動かしたり、首を動かしたり、そういう訓練から始めるんです。それが口切りです。何もしてないのに、突然しゃべりだすのはおかしいでしょう。いきなり「みなさん、こんばんは」とはなりませんからね。

一同　（笑）。

江原　私もそういう訓練をしながら、18歳のときから協会のお世話になってきました。

私にとって本当に幸いだったのは、寺坂先生とかいろいろな人に出会えましたし、人生が好転したきっかけをもたらしてくれた場所でもあります。

だから、協会のよいところをぜひ広く伝えたいと思いますし、だからこそ、協会にお願いしたいこともあります。

日本心霊科学協会は、本当に日本で唯一と言ってもいいほど、科学的に、誠実に研究しているところです。だから、心霊に関する世の中の間違い、誤謬など、そういったものを正して、公正な立場から伝える役割があるのではないかと思います。

工藤　おもしろいですね。

江原　そのためには、先ほども少し出ましたが、現在はスピリチュアル業界にも魑魅魍魎が跋扈していますから、協会がそれこそ審神者のように、「これは違うと思います」とか、「ここは大切なところです」と、ちゃんと見極めて発信するべきではないかと思うんです。

工藤　でも、あまりケンカはしたくないでしょうし……。

江原　たとえばオーラ写真がありますよね。あれは本当にオーラが写っているのか、どうなのかと。楽しんでやっていることを否定するのもよくありませんが、霊感商法みたいなものは気をつけないといけないし、協会としては、科学的な見地からきちんとした方向性を示すほうがいいです。「いわゆるオーラ写真というのは、高周波を使って撮るキルリアン写真とは違うものです」といった具合に。

工藤　心霊科学というんですからね。

江原　いろんな業界で、製品を検査したり、検証する機関などがありますよね。私の姉がたまたま日本化学繊維検査協会というところで働いていたのですが、この繊維の着色がよくないとか、品質の検査をする。そういう団体があると安心して利用できますよね。

鶴田　チェックをしたり、ウソや誤解がないかを見極めるということですね。

工藤　そうそう。真贋を見極めてもらいたいと思います。

鶴田　正しい知識の啓蒙も必要です。これは正しいのかどうかということを一つの基準を持って主張すべきだけど、それをしてこなかったと言うか、足りていなかったと思います。

江原　心霊学なら、研究者が霊媒の力を借りて、霊的な世界のことを検証する必要があるわけです。だから霊媒って一種の〝道具〟なんですよね。それなのに、それをちゃんと育ててこなかったという問題は大きいのではないでしょうか。

スピリチュアルな人材を育てるために

鶴田　江原さんはご自身で心霊の学校を作って育成していらっしゃいますよね。

江原　私は自分で「日本スピリチュアリズム協会」というのを作りました。一般財団法人として、実践科、研究科、実習科の3課程を設置しています。

実践科というのは、人生を学ぼうという人に向けたもので、年間の講義内容として「結婚とは」など、人生にかかわるさまざまなテーマに沿って学びます。

研究科は心霊研究、実習科はさらに高度な内容で、自分が霊媒とか、ヒーラーになっていきましょうというコースなんですよ。

鶴田　全部で4000人くらいの方が学んでいらっしゃるそうですね。

江原　そうです。ですから、日本心霊科学協会にあまり人が来ていないというなら、何かが流れに合っていないのだと思います。

私がそう言えるのは、僭越ながら、うちはこれだけの人数が在籍しているからです。

また、スピリチュアルな分野に興味を持つ人は一定数いることはわかっています。良くも悪くも、スピリチュアル業界は隆盛なんですよ。本や雑誌、ネットでもたくさん情報があって、関心をもっている人はたくさんいる。

ですから、厳しいようですが、どうして協会に人が少ないのか、もしかしたら人が来たくなるような魅力がないのではないかと考えてみてほしいというのが正直なところです。

鶴田 耳の痛い話です。

江原 協会に救ってもらった私が、なぜ別の場所で人を育てることに力を入れているかというと、私が欲しかったものを自分でやっているだけなんです。いまはここでも育成についてはあまりやっていないけれど、私の時代は協会のおかげでさまざまな学びが得られました。それは寺坂先生や大西先生がいてくれたおかげですし、個人としてたまたま目をかけてもらえたからできただけです。
でも、ここには歴史もあるし、私も関係者だと思うからぜひ協力もしたい。それだけの思いがあるんですよね。

鶴田　協会には歴史もあって、国会図書館にないような文献もそろっている。せっかくの環境を活かさないといけないし、心霊科学の発展に貢献すべきです。

霊能者は一種の〝技術者〟

鶴田　江原さんのように生まれつき霊能力を持っている人もいるけれど、そういう江原さんだって本場で学んでいるし、適切に使えるように磨く必要がありますね。そうしてきちんと学んでいないと独りよがりになってしまうし、それこそお山の大将というか、教祖みたいになってしまう。

江原　心霊学がさかんなイギリスに行くとわかるんですが、霊能者は一種の技術者なんですよ。SAGBの中にも、大勢のミディアムがいました。あとはカレッジオブサイキックスタディーズに行けば校長先生をはじめ、有能な教師がそろっていて、それで授業を受けてそれぞれが能力を伸ばしていくことができます。

それからスピリチュアリストの団体としてSNU（Spiritualist National Union）というのもあるんです。それがスピリチュアリズムの学校として知られるアーサー・フィンドレーカレッジの中にあるんですが、すばらしい環境の中にあるマナーハウスです。まるで『ハリー・ポッター』の魔法学校のような雰囲気ですよ。

アーサー・フィンドレーはもう亡くなりましたが、彼が子どもをなくして、それをミディアムに救ってもらったということで寄贈されています。

鶴田　この人は資産家だったんですよね。

江原　船会社を持っていた人でした。彼の遺言で、所有していた建物を心霊科学の発展のために遺したんです。いまでは、イギリス中からミディアムが教えにきたり、とても充実した環境が整っています。

鶴田　やっぱり本場の環境でこそ、得られるものがあるのでしょうね。

江原　私は行かせてもらったからには、きちんと伝えて、役に立たないといけないなと思っています。だから、私がスピリチュアルを広めてきたという自負もあるけれど、いまは協会を経ないで、たくさんの日本人が行ってしまうようになってしまいました。

行くこと自体はいいと思うのですが、現地からすれば、たくさんの人数が来ればいいというものではない。ただの商売相手みたいになるのはどうかと思うんですよね。そこで協会がそれをまとめたり、何かしらのアドバイスをするなど、存在意義を発揮したらよいのではないかと思うんです。

工藤　そうですね。管理して。

江原　協会の大切さというのは知っているつもりですし、また、イギリスに行けばいいというものでもありません。

その両方を見てきて、そこから30年以上の年月をかけて歩んできた結果として思うのは日本の心霊メソッドは間違っていないということです。

鶴田　おお、そうですか。

江原　向こうの話ばかりしていると、イギリスかぶれみたいに思われそうですが、向こうを経て、日本の精神統一とか、降霊とか霊媒の養成とかも含めて考えてみると、日本の霊学の方が優れているともいえます。

鶴田　それなら、日本の心霊学もまだまだ捨てたものではないですね。

江原　かつては人を育てようとしたり、実践的な取り組みをやろうとしていたのではないでしょうか。改めてここで本来の理想を追いかけていくことで、もっともっとこの協会を尊重してもらえるのではないかと思いますし、そうなればいいと願っています。

シルバー・バーチが語る教えとは

鶴田　協会の大事な使命のひとつが、啓蒙活動であるとか、心霊に関する正しい知識を伝えることです。

中でも、シルバー・バーチからのメッセージは日本でもかなり以前から知られているものですが、協会では連続講座を行っていて、非常に人気もあります。

シルバー・バーチとは、1920年から約60年間、イギリスの編集者であるモーリス・バーバネルの体を支配して霊会から交信してきた霊です。3000年前の古代霊とされ、その内容はイギリスの心霊主義の専門誌『サイキックニュース』に掲載されて注目されました。

工藤　名前もよく知られていますし、いわゆるアメリカ・先住民のような頭にはちまきと羽根をつけているイラストがありますね。

江原　これはフランスの画家が描いたものなんですが、このネイティブ・アメリカンの姿はシルバー・バーチとモーリス・バーバネルをつなぐ霊媒の姿です。

鶴田　シルバー・バーチは霊界の中でも指導的地位にある霊団に属していて、次元のかなり上のほうから降りてきています。そのため、次元の低い人間にはとてもではないけれども直接は降ろせない。そこで中継ぎ、中継ぎでやっと交信ができるんです。

シルバー・バーチが日本で初めて紹介されたのは、１９５３（昭和28）年のことで、協会の機関誌『心霊研究』に登場したのは１９５５（昭和30）年7月でした。

そして１９８２（昭和57）年6月号から翌年の10月号に近藤千雄氏による翻訳で連載された『シルバー・バーチは語る　シルバー・バーチ霊言集より』（潮文社）がまとめられて、１９８４年に『古代霊は語る』（潮文社）というタイトルで書籍として刊行されます。これがシルバー・バーチの第2次ブームの火付け役になったとされています。

江原　シルバー・バーチのメッセージはとても格調が高いのに、誰の胸にも響く。それは本物の霊言だということだと思いますね。

バーチが言うには、通信を行うのは「霊的知識の普及運動」が必要だからで、「知識が広まることで、人間と人間の差別が少なくなり、戦争が減り、貪欲さが薄れる」としています。

工藤　いまの時代こそ、まさにシルバー・バーチの叡智が多く伝わってほしいですね。

江原　ただ気をつけていただきたいこともあって、シルバー・バーチの霊言は素晴らしいのですが読み手によっては、どんなに素晴らしい霊言も自分の都合の良いように解釈してしまうこともあります。また自分自身がシルバー・バーチにでもなったかのように勘違いをしてしまい傲慢になる方もいますので、自分自身を正しく見つめられるように内観をしながら人生に生かしていただきたいと思います。

師匠との思いがけない再会

江原　実はさまざまなご縁も重なって、寺坂多枝子先生と再会したんですよ。それはなんと心霊写真で。

工藤　えっ？　心霊写真？

江原　私がかつて渡英したとき、現在は協会の顧問でいらっしゃり、芥川賞作家である三浦清宏の『イギリスの霧の中へ』（祥伝社黄金文庫）を文字通り懐に抱えて行ったんです。これは私にとって大切な本で、イギリスに行くきっかけのひとつにもなっています。三浦先生は『近代スピリチュアリズムの歴史』（国書刊行会）をお書きになっていて、心霊研究者でもある人ですが、ありがたいことに最近ご縁ができたんです。

それで「夕鶴」というオペラに出たときに三浦清宏先生が見に来てくださって、本当はいけないんだけれども、カーテンコールの時に先生が写真を撮ったんですよ。

工藤　ええ。

江原　（写真を見せる）これが私ですよね。それで、寺坂先生がここに。

工藤　ああ、この方。はっきり出てる。お喜びですね。

鶴田　笑っていますね！

江原　眼鏡をかけているのもわかります。写真の写り具合、尺度や位置関係からしても、そこにいる人物ではないでしょう。生前のお写真もありますけども、まさに寺坂先生で。

工藤　おいでになったんですね。

江原　少しでも役に立ちなさいと言っているのかな。先生はとても愛情深い人なんだけど、ふだんはすごく厳しかったんですよ。

鶴田　そう。本当に真面目な人でしたから。

江原　こんなに笑う先生じゃなかったんですよね。いつもしかめっ面をしていらっしゃる。

鶴田　私も寺坂先生のエピソードをひとつ。寺坂先生と電話で話していたときのことです。

急に先生が「ちょっと待ってくださいね。ちょっと待ってください。はいはい、わかりました。一応伝えます」と言って、私に「あのね、いまハチローって名乗る霊から、『書くなら書け。俺はその時その時、愛してきたんだ』と伝えてくれって通信があったんですけど」って言われたんですよ。私と寺坂先生が話しているときですよ。

私はちょっと考えて、これはサトウハチローだなと思って、佐藤愛子先生にすぐに連絡したら、『血脈』という小説を『別冊文藝春秋』に連載しようと構想を練っている時だった。

先生は「ちょうど兄のハチローのことを書こうと思って調べたら、もう女性に対して悪行三昧。困ったな、だけど書かなくちゃいけないなと考えていたところなのよ」と言われたんですよ。

工藤　へえ、おもしろい。誰かを通して、愛子先生に伝えてもらおうと思ったんですね。ハチローさんは。

鶴田　「その時その時、俺は愛してきたんだ」と伝えてくれと言っているけど、これはどういうことですかねと寺坂先生とふたりで首をかしげていました。

工藤　その時その時っておかしい（笑）

鶴田　寺坂先生が喋ってると、この世のことなのか、あの世のことなのか、わからなくなってしまいます（笑）。

江原　寺坂先生は、小さい時に結核菌が入って、片耳が不自由なんですよ。でも、そういう人は霊能があることが多いんです。有名な故・宜保愛子さんも片目が見えない人だったでしょう。「目の見えない人、耳の聞こえない人は別のものが見えるとか、別のものが与えられるのよ」って寺坂先生がおっしゃっていました。

鶴田 そういえば、鍼灸師は目の見えない人が多いですよね。

江原 そうですね。昔はよく目の不自由な人があん摩や鍼灸をしていました。私はヘルニアの時に、鍼でお世話になった人がいたんですが、その方は全盲でした。でも、施術はまさに「神の手」でしたね。

鶴田 小泉八雲も、左目をケガして失明しています。左目に問題があると、右脳が発達するんですよね。右脳というのはまさしくインスピレーションを司る側です。

体に不自由がある場合でなくても、脳には左右で機能の差があることがわかっています。左脳と右脳の働きを研究して、ロジャー・スペリー博士がノーベル賞をとりました。また、西洋人は左脳の論理的な思考が優位だと角田忠信という学者が『日本人の脳』(大修館書店)で述べています。ところが日本人は右脳が優位な人が多くて、感性が豊かになるんだそうです。だから、日本人は虫の音とか聞きわけることができるけど、西洋人は聞こえない。ところが小泉八雲は虫の音がすごく好きだった。

工藤　単に感性だけではないということかもしれないですね。

鶴田　あの人はアイルランド系で、ギリシャで生まれていますね。キリスト教はお好きではなかったみたいですね。

工藤　一神教は嫌っていたようですね。ケルト神話とか多神教の感性があったのかもしれません。

鶴田　そこは日本の神話と通じているのでしょうね。

工藤　心霊科学のお話と小泉八雲がつながっているとは思いませんでした。でも、江原さんは師匠との思い出がたくさんあるでしょうね。

江原　そうですね。寺坂先生というと、常に誰かと話している人でした。現実の相手なのかどうか、まったくわからない。先生と一緒にいると、「うんうん、そう、あのー」なんて言っているから、「はい」って答えると、「あなたじゃない」と言われる。

そうかと思えば、先生が何か言っていても、また相手は霊なのだろうと思って黙っていると、「あなたに言っているんだけど」と言われたりして。難しいんですよ（笑）。

鶴田　でも、怒っているわけではない。まじめな人だったということですね。

江原　佐藤愛子先生のお宅で霊障が起き始めた当初、寺坂先生が私に「佐藤さんがいろいろお困りだから、あなたは近所に住んでいるのだから、何かあったらすぐに駆けつけられるでしょう」と言われたことが最初でした。

鶴田　佐藤愛子先生が頼りにできるのは江原さんしかいなかったんですよ。

江原　自転車でこげば5分の距離でしたしね。

鶴田　事態が収まった後も、愛子先生はよく思い出していましたよ。江原さんにお礼を言いたいとよく言っていましたからね。

工藤　私もよくお話をうかがいましたよ。

江原　佐藤愛子先生とのご縁も寺坂先生が結んでくれたものでした。

さっきの心霊写真を最初に見た時に、私の心に浮かんだことは「ああ、私は協会のお手伝いをするために戻ってこなければいけない」ということでした。

きっと寺坂先生が「あなたはここで育って、広い世界へ出て行ったのだから、そろそろ恩返ししなさい」と言っているんだとなつかしい声が聞こえてくるような気がしました。

第6章

あの世とこの世
～私たちはどう生きるか～

亡くなった人はどこへ行く?

鶴田　心霊学というと、難しく感じる方もいるかもしれませんが、言い換えれば、「死んだらどうなるか」ということにも関わってきます。

工藤　仏教界でさえも心霊を否定するような流れになっているというお話でしたが、それが不思議でしょうがなかったんですよ。

個人的な体験でいうと、母が亡くなった時のことなんですが、私はとても悲しくて、ご遺骨をお寺に納める車の中でお坊さんに、「うちの母はいまごろどこにいるんですか、どんなことを考えているんでしょうね」と聞いたんですよ。そうしたら、「さあ、わかりませんね」という返事で。「家族のことも忘れてしまうんでしょうか」と続けて聞いたら、「うーん、やっぱりわからないですね」と。

鶴田　……まあ、正直な人ですよね。

工藤　私としては「きっと見守ってくださってますよ」とでも言ってくださるのかと思ったんですよ。お坊さんに対して、あなたのところでお経をあげてもらって、戒名をもらって、お墓も作った上で聞いているんですよ。それが一言、「わかりません」なんてね。
鶴田　たしかにちょっと誠意がないですね。
江原　大切な方が亡くなると、そのあとのことも気になりますよね。私もよくあの世のことやお墓のこと、最近では墓じまいについて多くの方からご質問されますよ。
工藤　江原さんは『あの世の歩き方』（小学館）という本も出されていますね。
江原　はい、心霊学の研究を続けていて、私自身の現在の境地として、お墓にこだわることはないかな、と思っています。魂の世界のことを見極めていくと、そもそも形に対するこだわりが一切いらないものになってくるんです。
　だから、私も墓を持っていますけど、なくてもいいと思っています。私は講演会でも「骨は骨、墓地はただのカルシウム畑」と言っていて、骨にこだわっても意味がないとお話ししています。だって、骨にそんなにこだわるんだったら、美容室で切る髪の毛はどうなんですか、切ったら捨てちゃうでしょう？
　ですから仏教界の方たちでも、それが正義だと思っている方もいれば、本当はやましく思っている人たちもいるのではないでしょうか。バチが当たるようなことをしていると内心では思っていたりとか。

工藤　いやあ、そうですね。ちょっとすっきりしました。

死んだ人はお墓と仏壇のどちらにいるか――

江原　そもそもお墓というのも、あの世とこの世をつなぐ、ひとつの通信機にすぎません。

鶴田　アンテナということですね。目印といいますか。

江原　そう。お墓参りはもちろん悪いことではありません。でも、お墓を守る人がいなくなるなら、墓じまいをしてもいい。それで故人が消えるわけではないし、自分自身が死んだ後も同じです。お墓がないと自分の居場所がなくなるわけではありません。

いまは独り身の人がたくさんいますから、その場合、自分が最後に入るのはどこか、心配される方も多いんです。「私は独り身なので成仏できないんでしょうか、供養してくれる人がいないんです」などと不安になる方もいらっしゃいますが、心配することはありません。むしろ家族の誰かが供養してくれると期待している人の方が、依存してしまって執着が残りますからね。

鶴田　私は孫の面倒を見てるんですよ。生まれた時からずっとお風呂に入れている。そうするよくとなついてくれるし、この子が20歳になる時に自分は生きているかな、なんて考えてしまいます。でも、よく子煩悩というでしょう。考えてみたら、これは「煩悩」の一種なのだと気づいたんです。孫に執着している、と。

工藤　お気持ちはとてもわかりますよ。

鶴田　でもね、江原さんの本を読んで感心したんです。子どもがいない、あるいは独身の人こそ、未練を残さずに済むし、浄化しやすいんだと。

江原　だから、そういう方には安心してくださいと言います。最初から人に頼ろうとする気持ちもないでしょうし、自分のことは自分でというのが身についている。だから、死んだ後も、霊能者がどうとかなんて言う前にさっさと上がっていっちゃう。つまり自分で成仏できてしまいます。

工藤　それはいいですね。私の年代だと、周りに70代、80代のご夫婦は多いですし、お葬式の心配だとか、お墓の話とかになるけど、子どものいない夫婦はあっさりしてるんですよ。バリが好きだから、骨はバリの海にまいてもらおうとか。

江原　散骨に関してはね、「ちょっと考えてみましょう。ただの骨なんだから、みんなが散骨したらどうなりますか、海はゴミ箱ではないのだから」と、よく言います。カルシウムだと考えれば、もしかして魚の餌になることもあるかもしれないけど。

工藤　散骨ってちょっとした憧れなのかしら。ドラマのワンシーンになったりするし。

鶴田　ほかに、お墓にまつわる疑問としてよくいわれるのは、亡くなった人はお墓にじっといて、寂しいんじゃないかということですよね。そんなところにずっといてはいけないと思うのですが。

江原　本当に。でも、いるんですよ。時々ね。

工藤　必ずいるというわけではないのですか?

鶴田　その人自身が「死んだらお墓にいるものなんだ」という思い、つまり執着の強さによりますね。

江原　そうそう。ほとんどの場合、お墓にはいないですよ。でも、生きているうちに自分で自分のお墓を建ててしまう人がいるでしょう。石とかデザインにものすごくこだわって。そうするとお墓に対する愛着になってしまうんですよ。これも煩悩ですよね。この墓に入らなきゃいけないと。

工藤　お墓に執着してしまうんですね。

江原　どこかで墓相まで聞いてきて、生前からいそいそと準備して。文字は赤い字で入れておいて、死んだらどうする、こうするなんて楽しみに作っている人もいるわけですよ。

鶴田　それは成仏できそうにないですよね。

江原　そうなんですよ。私はね、山かなんかで穴でも掘って、みんなが入る樹木葬みたいなのはどうかと言っています。

工藤　ああ、いいですね。

江原　みんなで土に帰りましょうよと。魂は霊界に行くんだから。

鶴田　そうです。次元の違うところに旅立つんですよ。

江原　それを言うと仏教界から恨まれてしまう（笑）。

工藤　先生、お子さんは？

江原　いますけど……。でも、お墓はどうでもいいと思っているんですよね。永代供養というのもあるでしょう。それもひとつの方法。

工藤　誰かと一緒にいたいというなら。

鶴田　だけど、お墓参りにせっかく行っても、お父さんお母さんはいないと思うと……。

江原　基本的にはいないですからね。

鶴田　そうすると、お墓参りに行ってもつまらないですね。

江原　先ほど触れた『新樹の通信』を思い出してください。思えば指導霊に伝わっていましたよね。だから、亡くなった人を思うと、それはちゃんと伝わります。それに亡くなった人もいろいろと修行をしなくてはいけないし、現世への執着を残すようなことは、死後の足かせになってしまいます。

さて、これもよく講演で使う笑い話ですが、「亡くなった人は仏壇とお墓とどっちにいると思いますか？」と私はよく聞きます。

私たちがお墓参りに行った時、「子孫が来ているからお墓へ行こう」なんてご先祖がぞろぞろと移動していたりしたらおかしいでしょう。だから、普段は家の仏壇に帰ってきますかね？　そんなわけはありません。そういう思い込みやこの世の人の煩悩を集めた「心霊ギャグ本」を出したいくらいですよ。笑えて学べる、そんな本もいいかもしれない。

工藤　それはいい。読んでみたいです（笑）。

亡くなった人もお葬式に来ている

江原　お盆の時に、キュウリやナスを馬にした精霊馬をお供えしていますが、そんなものに乗れるわけがないでしょう。というよりも体がないのだから、乗り物もいらないですよね。

それは貧しい時代にそういうものがなかったから行っていた風習であって、今は食べ物も乗り物も十分あるから大丈夫ですよという〝思い〟なんですよね。先祖に対するおもてなしなのかもしれませんが、いまはもう関係ありません。

工藤　意味がないということ？

江原　やってはいけないということはないですが、今なら、たとえばポルシェか何かのミニカーを置いたりとか（笑）。

工藤　おもしろい。

江原　生前に乗りたかったでしょう、とね。

工藤　じゃあ、お葬式というのはどうなんですか。

江原　よくお話しするのは、お通夜とか、お葬式でお焼香をする時に、ひたすら数を数えていませんか、ということです。それは全部故人に伝わるんですよ。亡くなった人はその場にいて、「ああ、〇〇さんが来てくれた」と思って見ているのに、お焼香の回数を気にして「1、2、3」と数えている。

工藤　そうかもしれない（笑）

江原　それと、「そんなに仲良くなかったら行かないほうがいいよ」とも言います。私がよくお葬式などで見かけるのは、生前にそれほど仲良くなかった人が義理で出席しているような場合に、故人が「何で喜んできているの」「私が死んで嬉しいだろう」とか言っている光景です。参列者はもちろんわかっていません。

工藤　ああ、そういうこともあるんですか。
江原　あるんですよ。
工藤　かえって失礼ですね。
江原　そうそう。やめた方がいいよって。もう1つ、お葬式の時、亡くなった人はどこにいるでしょうか？
工藤　ええと、どこだろう……。
江原　だいたい喪主席にいます。
工藤　へえ。
江原　来てくれてありがとう、ありがとう、と参列者に一生懸命お礼を言っています。

人生の目的は経験と感動

工藤　両先生にお聞きしたいのですが、誰が私の「守護霊」なる者なのか、まったく見当がつかないんですよ。

鶴田　いやいや、見当はつかなくても、誰しも必ずいるんですよ。

江原　そう。いない人はいない。

工藤　本当に？

江原　世間で思われている守護霊というのは、ちょっと誤解があるんです。自分のおじいさんやおばあさん、身内とかご先祖のことは「補助霊」というんです。

工藤　守護霊と補助霊は違うんですね。

江原　身内で縁があった人というだけのことですね。守護霊というのは、コップにたとえると、その中にある液体ぜんぶのこと。そこに入っているみんなが「類魂」、あるいは「グループソウル」で。ここからほんの一滴、この世にぴゅんと落ちてきたのが自分なんです。

工藤　なるほど。

江原　お茶が入ったコップは濁ってますでしょう。この濁りが仏教でいう「業」なんですよ。だから業を抱えて、一滴ぽたっと落ちてこの世に生まれ落ちる。それでいろんなことを経験しながら、自分を磨いて無色透明に近づいていく。そして死んだらグループソウルに戻る。これを繰り返していくと、やがてもっと透明になるでしょう。これを私たちは浄化というんです。魂の浄化ですね。そのために人生があって、私たちはそれを実践するために生まれてくる。

工藤　透明にならないで死んでしまう人もいるんですか？

江原　もちろん生まれるときにもっていた業を、もっと深くしてしまう場合もあります。それでも、ずっと繰り返すんです。

鶴田　魂を汚してしまう人もいるということですね。

江原　だから、それを浄化するためにまた生まれてくる。透明に近づくには、この世で経験と感動をするということなんです。

工藤　経験と感動を味わうのが人生の目的？

江原　そうです。感動とは何かといえば喜怒哀楽だと思うんです。心で感じて動くことですから。そしてもうひとつ、経験というのは、決して良いことばかりをすればいいというわけではないんです。

どんなことも光と闇がある。たとえ何かに対して怒ったとしても、それで怒る人の気持ちも、怒られる人の気持ちもわかる、そうやってたくさんの経験と感動を積み重ねることで人は磨かれていくんです。

死んで、帰って、また生まれる。これを繰り返すことを転生という。そこで守護霊というのは、グループソウルの別の一滴なんです。だから、自分も誰かの守護霊になるし、自分が自分を見ていることにもなる。だからハイヤーセルフという言い方をするんですよ。

鶴田　直訳すると「高次の自己」ともいいますね。

親は子の姿を見て成長する

江原　家族とのご縁に関しては、決してがっかりさせたくはないのですが、補助霊とは、グループソウルから一滴が落ちた時にたまたま家族になったりしたご縁のある関係。自分のグループソウルとは関係のない人なんですよ。

たとえば、鶴田先生はお孫さんがかわいくて、ふとした時に孫はどうしてるかなと思うわけですよね。でも、それは別のグループソウルの魂なんです。

私はいつも「家族というのは魂の学校だ」と言っています。いろんな子供が集まる学校のように、いろんなグループソウルから魂が集まってくるからです。だから似ている人もいれば、似てない人もいます。学校で考えると、ご先祖はOB・OGのような存在ですね。学校の大先輩と考えるとわかりやすいと思います。

工藤　OB・OG。

江原　だから先祖供養、先祖供養とやたらに言うのも、そんなに立派な学校なのかと言いたくなります。大事にするのはいいけれど、真の先祖供養は自分の姿をしっかり見せることです。「こんなに立派になることができました」と感謝しながら伝えればいい。そのためには「自分の生き方はどうなのか」と振り返ることです。

だから、ただ拝むことが供養ではないのです。

よく「子は親の背を見て育つ」なんて言うけれど、供養でいえば逆なんです。あの世に行った親が、この世で悪戦苦闘する子どもの姿を見て成長する。それは死んでみてわかることなんですよね。

工藤　なるほどね。

江原　だから先祖供養とか言いながら、「おじいちゃん、お願いします。おばあちゃん、お願いします」とお願いばかりするのはダメだと言います。

鶴田　そうそう、お願い事ばっかりされても困るらしいですね。先祖というだけでこちらは何の力もないのに頼む、頼むと言われると苦しいそうです。

見えない世界の加護を感じた経験

鶴田　これは私自身の話になりますが。私が2歳の時に亡くなったひいおじいちゃんにかわいがられていたという話をしたけれど、そのひいおじいちゃんが守ってくれたんじゃないかと思った出来事があるんです。いまの話とは少し矛盾するかもしれないけれど。

6年ほど前、家内に乳がんが見つかって、それがたちの悪いタイプで手術ができないんです。かといって抗がん剤だけで治療するのも問題がある。でも、放っておいたら転移してしまう。妻も医師でそういう処置の専門だからくわしいんですよ。

工藤　ああ、悩ましいところですね。

鶴田　ことわざの「前門の虎、後門の狼」状態でした。つまり治療すれば、激しい副作用が出るし、しなければ確実に死がやってくる。

そこで知人の乳がんの専門医師が、4種類の抗がん剤を組み合わせて治療するという論文を教えてくれまして。それでうまくいけば妻の状態でも5年間の生存率が十数パーセントあると説明してくれたんですよ。

このまま放っておいても治らないし、わずかでも可能性があるなら、それに賭けようということで、その医師のもとで治療を始めたんです。

治療の日は、朝、病院まで送って、帰りはタクシーで帰ってくる。そんなふうに治療を続けていたんですが、ある日の朝、なぜかその日、これはいかんと思ったんです。

私は霊能があるとはいえないし、医師の勘ということでもなくて、その日に限ってまずいと思って担当医師に連絡したら、ふだんなら予約がいっぱいなのに、「いいですよ。来てください」と。

それで行ってみたらなんと白血球が400しかない。基準は4000以上なんですよ。すぐに入院が決まりました。白血球がないと敗血症で死ぬこともあるからです。

工藤　虫の知らせのようなことでしょうか。

鶴田　それで無事に乗り切って、数ヶ月たって調べたら、なんとがんが消えていたんですよ。その治療を勧めてくれた医師も驚いていました。まだ治療は続いているけど、私は絶対に何らかの力だと思わざるを得ませんでした。

それで私は、誰の力だろうと思って、あるときぼうっと思いをめぐらせていた時に、感覚としては2歳になる前の私の目で、ひいおじいちゃんが亡くなるところが見えた。「おじいちゃん、おじいちゃん」と子どもの私が走り回って必死に呼んでる場面が見えた、というより思い出したんですよ。

そうすると妻のこともひいおじいちゃんが助けてくれたとしか思えない。自分が死ぬ直前に一生懸命心配してくれたひ孫への助けなのか……。そこからいっそう信仰心が篤くなりましたね。

江原　とてもいいお話。

鶴田　ヒーリングのお話がありましたが、心霊医療というのはたしかにあって、さかのぼればキリストもそうだったし、先ほども話に出た、１９６０年代から70年代の天才的な心霊治療家で、ハリー・エドワーズという人もいる。

江原　イエス・キリスト以上と言われた人ですね。

鶴田　日本でも天理教の開祖中山みきとか、天理教の中でもカリスマ的な存在だった関根豊松先生とか、偉大な心霊治療はありましたね。そして、それは魂の世界とつながっている。

妻の場合、助けてくれたのは現代医療なんです。だけど、救われたきっかけは霊的な何かでした。私たちを一生懸命応援してくれた霊団がいると私は思っています。しかも、私のひいおじいちゃんが、主治医に何らかの働きかけをしてくれたのだろうとしか思えない。たとえ補助霊であろうともね。

工藤　見えない世界を信じるってそういうことですね。

人は死して死なない

江原　ご先祖は縁のある存在ですし、信じるのは間違ったことではないですよ。この世に生きる人間は霊体と肉体を持っていて、ご先祖がいてこそ、この世があるんですから。
その上で、守護霊のことをきちんと知ると、あの世とこの世のつながりがもっとわかってきます。守護霊は先ほど言ったグループソウルのことだから、自分で自分を見ているということ。グループソウルから何度も生まれるのだから、その中に前世もあるというわけです。
守護霊が「前世の自分」の場合もあるというと、混乱する人がいるかもしれないけれど、霊は液体と一緒だから、溶け合うでしょう。死んで、同じグループの霊と溶け合う。そして再びこの世に生まれるときは、グループにいた私自身の性格、いわば人間性をもってやってくるわけです。時代が変わっても。その意味でいえば人は永遠に生きるんですよ。

工藤　永遠に……。

江原　だから人は死して死なない。でも、長い年数が経てばいろんなことは忘れるでしょう。生きていても、いろんなことは忘れていきますし。かつて悔しいとか思ったことも、時間が経てば、まあいいかと思ったりします。

工藤　絶対許さないと思ったことでも、年をとってくるとどうでもよくなることは多々あります。

江原　それで向こうに帰って、自分の人生を振り返るんですが、それをアカシックレコードと言います。自分が生きている間にしたことを復習するんですね。

工藤　悪いことをしていた時はどうなります？

江原　もちろん見るんです。でも、自覚のないこともありますよね。そんなつもりはなかったけれど、自分は人を傷つけていたんだとわかることがある。そういうのも一通り見るんです。

鶴田　仏教でいう「浄玻璃（じょうはり）の鏡」ですね。閻魔大王がもっている水晶の鏡で、生前の行動がすべて映し出されるというものです。

工藤　ああ、閻魔大王。

江原　そのことを知っていると生きていて謙虚になりますね。

鶴田　だから、臨死体験でも、瞬間的に一生を思い出すと言われているのはそれです。死んだら生前を振り返る。そこで、恥ずかしいとか、つらいと感じることもある。それは、そういう苦しいところに落ちるようなもの。それが地獄ということです。

工藤　なるほど。それは目からウロコかもしれません。

波長の法則とはなにか

江原　多くの人が気になるテーマに「天国と地獄」がありますが、実際に天国や地獄があるかというと、それはないんですよね。

鶴田　次元が上がっていくと、「天上界」と呼ぶ段階はありますけどね。

江原　魂のレベルに応じてね。そこで重要なのは、死んだら自分と同じレベルの人間たちがいるところに行くということ。それを天国と思うか、地獄と思うか、です。これは死後の世界の話をするときに、とても大事なところです。

それで私は講演などで「よく考えてみて」と言います。

「いまの自分はどうですか、死んでから行く場所はいまの自分と同じレベルですよ。自分で自分のことはわかるでしょう、同じような人がいるんですよ。それでいいんですか」と。

工藤　上の人とは会えないんですか。

江原　会うことはできるけれど、行く世界は全部、平行移動なんですよ。

鶴田　同じ波動のところに。

江原　だから、よく美輪明宏さんと「馬鹿は死んでも馬鹿だ」なんて笑い話にしています。死んだからといって天使になるわけはなくて、死んでも自分。だから根性の悪い奴は死んでも根性が悪いから、同じような根性の悪い人間たちの中にいる。でもそこで磨かれて、「ああ、もううんざりだ」と思ったら成長する。

そういう世界なんですよ。平行移動するということを表すのが「波長の法則」です。それは、この世でなじみのある言い方をすれば「類は友を呼ぶ」なんですよ。

霊的な法則はほかにもあって、「階層の法則」は魂の成長のレベルに応じた段階が設定されていること、「守護の法則」は1人ひとりに寄り添って見守っている霊が必ずいること、「類魂の法則」はグループソウルが存在すること。

そして「因果の法則」は自分のしたことが返ってくること、「運命の法則」は自分の人生の流れは自分自身で作り出すということ。

それらを全部ひっくるめて、人は真の幸福を目指すという「幸福の法則」があるんです。

工藤　それがこの世とあの世のしくみということですね。

江原　あの世は遠い世界ではないんですよ。だから、死んだからって突然いい人にはならない。死んだら天国に行ける、なんていうのは甘い考えです。

鶴田　そうですよね。死んでも魂は同じ波長を持っているでしょう。しかも階段になっていて、下にはいけるけど、下から上には行けない。だから、階段に上りはない。

工藤　「階層の法則」で。

江原　それでいうと、守護霊とか、高次の人たちが、生きている人にメッセージをくれるのはできることだけど、大変に苦しいことだと言うんですよ。

鶴田　そうそう、下に降りてくるということですもんね。先ほど触れたシルバー・バーチもあまりに高い次元の存在だから、中継しないとこの世の人間とはアクセスできない。

江原　この現世に来てメッセージを告げるなんて、あんまり軽く考えないでほしいということです。たとえば、よく講演で言うんですが、それは水中バレエみたいなもので、見た目は優雅に見えるけど、実際にやってみると、ものすごく苦しい。チューブをくわえて息をして、必死に水中をかいていく。そういう感じ。

鶴田　次元という視点で見るなら、この世を三次元世界とすると、普通の人は死んだら四次元世界に行く。そこで生前の行いを見せられて反省したりして、さらに上のいわゆる天上界として、五次元世界に行けるよう波動を上げる学習をします。

だから、上から下へは降りて行ける。でも次元が違うと下から上には行けない。下にいる人は上の人がどんなふうに考えているかわからないでしょう。

次元はもっと何次元も上まで続いていくものなんですが、私の魂の師のひとりである中川昌蔵先生からそう教わりました。

人は転ぶ権利を持っている

江原　守護霊は見ているんだけど、助けるとは限りません。それで人が失敗したりするのも「ああ、またやっちゃったね」って自分自身を振り返るように見ています。そして「がんばって自分の力で上に上がりなさい」と思っています。

工藤　生きている間に少しずつ上がっていることはないんですか。

江原　ありますよ。でも、よくある漫画みたいに守護霊が助けてくれるわけではありません。素晴らしい守護霊は素晴らしい親と一緒で、「さあ、転べ」と思っています。転ぶことで何かを学べるし、子どもが成長していくためには、「転んでも立ち上がりなさい」と思いながら見ているんです。何でもかんでも手を出す親はいい親じゃないでしょう。

工藤　自分でチャレンジしないといけない。

江原　そうです。転んでもいい。だから、人は転ぶ権利を持っているということ。

鶴田　転ぶ、つまり失敗することは成長のチャンスだから、守護霊の望みでもあるわけですね。

江原　だから私は、もう一切カウンセリングをやっていないんですよ。ほとんどの人が望むのは現世利益であって、小我を満たすためだから。

私も人間だから気持ちはわかるけれど、霊的にいえばそれには答えられません。だからカウンセリングもやらないことにしたんです。やったら詐欺になるから。

工藤　それがその人のためですね。

江原　だから、講演とか本を書くことで、わかってほしいと思っています。

鶴田　心霊の世界、死後の世界を理解しないと、ただ頼ってしまいますからね。

江原　そう。「どうしたら転ばないですみますか？」なんて聞かれても、「いやいや転んでください」と言ってお金はいただけないでしょう。「どうしたら助けてくれるの？」と言われても、答えられないから笑うしかない。

工藤　ふふふ、おかしい（笑）。

江原　若いカップルが私のところに来て、「私たち結婚するんです。ずっと幸せでいられますか？」なんて楽しげに言うけど、そんなわけはないですから。何かあるのが人生です。自分の未熟さを見つめるために生きているんだから。

でも、幸せいっぱいな若い人たちにそんな言い方をするのは粋じゃないから、ただ、ほほえむ。あるいは「大丈夫」と言う。口癖のように「大丈夫、大丈夫」と。

そうすると、「大丈夫ってどういう意味ですか」なんて聞き返されてしまうけど、「こうすれば幸せになれる」とか、そんな都合のいいものはないんです。

工藤　やっぱりそうですか。

江原　だって、御利益を得るために生まれてきたわけではないんですから。

鶴田　神頼みでご利益があったら、それは怖いことなんですよね。

江原　そう。怖いんです。

鶴田　だから御利益のある神様はうさんくさいと、中川先生がよく言われていました。きっと何かの反動があるんです。

江原　この世のことが、とてもうまく描かれていると思うのは、藤子不二雄Ⓐさんの漫画『笑ゥせぇるすまん』の喪黒福造ですよ。ご存じですか？　人の弱みを見つけては、「願いを叶えてあげるよ」みたいなことを言って、でも、わかっていても、願いが叶うと人は絶対に調子に乗ってしまうんです。

鶴田　前にテレビで放映されていて大好きでした。だいぶ前のアニメ作品ですね。

江原　愚かな人間がどんな末路をたどるかを見事に突きつけられます。決して他人事だと思ってはいけません。

工藤　人間ってそういう存在ですよね。

人に親切にする理由とは

江原　自分はこの世だけの存在ではないから、死後の世界を理解しないと、本当の意味でどう生きればいいかはわかりません。

よく、「まじめに生きれば報われる」と言うけれど、それでいうと、私はまじめに生きてきたつもりなのに、親を早くに亡くしました。それはなぜだろうと考えますよね。

生きるということはどういうことなのか。死を見つめなかったらわからないし、善悪はどうして決まるのかということも簡単に答えは出ない。

身近なことでいうと、なぜ人に親切にしなければいけないのでしょう？　そう聞かれても答えられなかったりしませんか？

人によっては、「それが生きている世界のルールだから」という人もいます。別の人は損得で考えるかもしれない。考えてもわからない、それなら人が見ていなければ何をしてもいいということになってしまう。だからいまの時代は、神様より防犯カメラの方が気になってしまいます。

鶴田　たしかに、道徳が身についていないと、「法律に触れなくて、人が見ていなかったら何をしてもいい」になってしまいますね。

江原　死んで無になるんだったら、ちょっとでも長生きしたいし、いい思いをしたい。だったら混んでいる電車に乗ったら、バッグを投げてでも席を取りたい。疲れるのは嫌だし、楽をしたい。

だけど、それならどうやって人に対して調和を保つことができるのか。

哲学者のカントは「死後の世界がなかったらこの世の善は成り立たない。正直者が損をする」と言っています。

鶴田　カントは、それを理論で突き詰めていきました。

『純粋理性批判』で、神や世界、霊的なものは証明できないと言いました。ウィリアム・ジェームズも、霊界はあえて認めさせない、と言っていましたね。

そして『実践理性批判』では、証明できないけれども、神とか霊がなければ、本当の道徳はできないと言ったのです。ただカントはそれらを机上で考え抜いていきました。一方で、経験主義でやったのはさっき取り上げたベルグソンです。

江原　見えない世界をとらえていたのは哲学者も同じことです。言い方によっては難しく感じるかもしれないけれど、この世のしくみは単純、かつ壮大なことでもあって、心霊や魂のしくみを理解すると、それは世の中の平和にもつながります。

鶴田　その人の考え方次第かもしれません。

工藤　絶対そうですね。

江原　それをグループソウルの観点でいえば、「あなたは私、私はあなた」ということです。だから、人に対してすることは、自分にすることと同じだという理論までたどり着けます。

それは真摯に考えていけばきっとわかること。そのためにも日本心霊科学協会の使命があると、私は思うんですけどね。

工藤　それは真実を知ることでもある。

江原　そう、真実なんですよ。だから、真実を知ることから逃げてはいけない。だから苦しんでいればいるほど、真実をつきとめることに近づくことができます。

鶴田　それを2500年くらい前から言っているのはお釈迦様であり、キリストであり、孔子も同じことを言っています。本当はすごくシンプルなことを言っているんですよね。

江原 後世の人が理解できなくても、わかっている人はいるし、魂は知っている。だから、魑魅魍魎とか、商業主義とか、よからぬものが跋扈していても、この世から魂の話は消えることがないですよね。

工藤 死後の世界を知ると、この世の生き方が変わるというのはそういうことですね。

死後の世界を知ることの意味

鶴田 工藤さんと雑誌で対談したのは「終活」がテーマで、「死んだらどうなるのか」でした。もし死んだらどうなるのかってことをみんな知りたいと思っている。

工藤 そうだと思います。

鶴田 でも、多くの人は、そんなことは考えてもしかたがないといって、結局自分を見つめることからも逃げてしまう。

江原　私は考えないことは罪だと思うんですよね。考えないことで不幸になる。例えば魂のこととか、臨死体験とか、証明できないことが山ほどあるわけですよね。

いろんなケースが報告されています。たとえば、盲目の人が臨死体験をして、ベッドに横たわって外科手術を受けている。そんな自分の手術中のありさまを見たなんて報告もあります。肉体の目が見えないけれど、霊体になったら見えて、担当医師の顔が見えた。それで、我に返った時、「先生って男前だったんですね」と言ったとか。

鶴田　イギリス、アメリカでは、臨死体験についての研究を盛んにやっているんですよ。日本でも、立花隆さんが企画してＮＨＫで特集していましたが、最終的にははっきりしませんでした。

工藤　死んでみないとわからないことだから。

江原　私はよく人に言われるんですよ。「霊能者なのに、どうしてオペラ歌手をやっているんですか」って。そんな時は、「だって私このまま死んだら何もやってこなかった人と一緒ですよ」と答えています。霊体になったら、みんな霊能力があるんだから。

たとえば英語ができることを自慢する日本人は、海外に行ったら会話ができるただの人です。それは、現地なら子どもでもできることです。いや、それ以下かもしれない。自分は何者か、何ができて、何をしたいのか。つまり、自分として何をやってきたのかが大事だから、私は歌っています。

生きるために必要な知識とは

工藤　生きづらさを抱える小学生とか中学生とかを救う方法ってないんでしょうか。

江原　親が気づいてほしいですよね。

工藤　でも全然救われないですからね。気づかない。

江原　多くの人が持っているのは、いわゆる物質的価値観です。つまり物がすべてであるということです。

でも、物はあの世に持って行けません。だから心がすべてなのだといえば、わかってもらえるのではないでしょうか。

ただ、少し前に比べると、人と比べたり、あるいは常に人並にしようとして、人の目を気にすることも少なくなりました。いまはだいぶ多様性が認められたり、視点が個人に向いてきていると感じます。

たとえば人生相談で子どもの不登校の相談があったら、私は必ずこう言うんですよ。「学校に行かないことは悪ではありません。ただの過ごし方ですよ」と。学校に行くことがすべてではないけど、だからといって自堕落に生きていいわけじゃない。家庭内で学習するとか、自分なりの勉強や趣味、活動に勤しむとか。切磋琢磨していく必要があるでしょう。

でも昭和の時代みたいに、いい学校に入って、いい会社に入って、そうすれば安泰でずっと幸せということはあり得ない。安心なレールの上に乗ったはずなのに、何かのきっかけでダメになってしまう人もいっぱいいるわけですから。

工藤　これから教育もこの協会の一つのテーマとしていただきたいです。子どもという存在は、未来を背負ってるわけですから。

鶴田　教育は重要ですね。江原さんは自分で学校を主宰していらっしゃるほかに、大学でも教えていらっしゃるんですよね。

江原　はい。岡山の吉備国際大学と、宮崎県の延岡にある九州医療科学大学で、生き方というのを教えているんですよ。スピリチュアリズムを伝えてほしいと言われています。

工藤　すばらしいですね。きちんと教えてくださるのはありがたいです。

江原　私だけでなくて、毎年テーマを決めて、いろんな専門分野を順番に学んでいくんです。2025年度は「有事の生き方」をテーマにします。

工藤　私も聴きたいです。

江原　サテライトでやる予定もあるんですが、内容はスピリチュアリズムに限ったものではなくて、自然栽培の農業の先生とか、生きること全般。いろんな分野について1年を通して学ぶんです。

鶴田　生きるために必要な知識ですね。

江原　だから食べ物の話もするんですよ。これまで私たちは食ということにあまりにも関心がなさすぎて、スーパーにある食べ物しか見たことがない子どももいる。

私はもうずっと食糧難のことを言い続けていているんです。『この世が危ない！』（ホーム社）という、現代のいろんなことに警鐘を鳴らすシリーズの本も出しています。実際に

２０２４年にはお米の問題もありましたし、食糧危機はもう起こっているでしょう。
この問題は今に始まったことではなく、ずっと続いているんです。ただでさえ農業に従事する人の平均年齢が65歳といわれ、どんどん離農者が増えています。それで私は静岡の沼津で米を作り、熱海で畑をやっています。

工藤　それはすごいですね。実践なさっている。

江原　そうです。だから２０２４年の米不足も、私は影響がありませんでした。自分で作っていますからね。

鶴田　我が事として考えないといけないですね。

江原　この世に生きること、体を持って生きるために欠かせないのは食べること。食べて体を養って、必要に応じて医療にかかる。
そして、もちろんどういう風に生きていくのかもきちんと見つめる。もうそれだけで人間は幸せを作っていけます。昭和の時代、戦後はどんどん心を離れて、〝形〟にみんな向かっていってしまったけれど、きっと〝心〟に帰っていけると私は信じています。
私たちは霊体ももっているのですから。

たどりついてほしい幸福の法則

江原　霊能者として心霊学に関わって、いろんな人の人生を見る中で、エリートの方の人生もたくさん見てきたけれども、地位やお金が幸せになる道ではない。むしろ、そのために不幸になってしまう人もたくさん見ています。

工藤　学歴とかね、何の関係もないですよね。家柄とか、お金とか。

鶴田　美人とか不美人とか。それも幸せとはあまり関係がないですね。

江原　物質的価値観は何にもならない。物質的充足にはない喜びが、魂の充足にはあります。いかに幸せに生きるのかっていうことを考えるなら、もっと魂について知ることですね。

工藤　若い時にはわからなかったけれど、年を重ねてわかることもあります。

鶴田　年をとるということはいいこともあるんですよ。腰が痛いとか、いろいろあるけど。

工藤　ふふふ。腰が痛いし、老眼になるしね、だけど若い頃よりはこの世がよく見えたり、人の気持ちもわかるようになる。

鶴田　肉体から発生する欲望よりも、心の問題が大切になっていきますから。

江原　多くの人に気づいてほしいのは、「なんのために生まれたのか」を考えることの大切さです。さっき言ったように、転んでもそれはチャンスなんです。痛い思いをしたら、そこから学べることが必ずありますから。

人生は価値があるから生きるのではないんですよ。生き抜くことに価値があるんです。とにかく生き抜けばいい。

工藤　なんだか晴れやかな気持ちになります。

鶴田　そのことを、たくさんの人に知ってほしいですね。

読者のみなさまへ

工藤美代子

60歳を過ぎたころだった。死ぬことが全く怖くなくなった。それは作家の佐藤愛子先生の本を読んだお陰だった。死んだら何が起きるかを先生は克明に自著『私の遺言』の中で書かれていた。

私は若い頃にその本を一度読んでいたのだが、「なんだかなぁ、ほんとかなぁ」と懐疑的だった。こんな説もあるのかと思ったくらいだったのだ。

ところが両親、兄弟を次々と見送って、もう実家もなくなり、親戚からも自分より年下年上にかかわりなく訃報が届くようになると、嫌でもこの世を身まかる時期を考え始めるようになった。

といっても、最初はきわめて単純な心配だった。痛くないように死にたいけどとか、身体が不自由になったら施設に入るのだろうか、私が先に死んだら、主人はどうなるのだろう。いや、そんなことより、わずかな貯蓄はあと何年で底をつくのか。といったしょうもない不安ばかりが、もくもくと煙のように湧いてきた。せめて子供でもいれば相談ができるのだが、子供もいないので、夫婦二人で思い悩むしかなかった。

そんな時に佐藤愛子先生のご紹介で知り合ったのが鶴田光敏先生だった。

もう3、4年前のことだ。人間は死んだらどうなるのかを柔らかい口調で先生は語って下さった。「あれ、この方には前にお会いしたことがある」と咄嗟に思った。でも、それは私の勘違いで、佐藤先生の『私の遺言』を通して存じ上げていただけだったのだ。鈍い私は、しばらくしてようやくそれがわかった。

いずれにしても、鶴田先生のお話は私にとって大きな救いとなった。

実は仲の良い友人に敬虔なカトリックの信者の女性がいる。彼女がある日「もし困っている人がいたら、自分に何が出来るかって考えることにしているのよ」と言った。当たり前のように、そう言う彼女の言葉を聞いて、そうか、人生ってそんな気持ちで過ごせばいいんだと、気がついた。

難しいことではない。なるべく周囲の人たちに親切に接する。怒ったり喧嘩をしない。他人の言葉を悪意にとらない。そんな簡単なことが私は今までわからなかったのだと思って愕然とした。

その後、鶴田先生に何度かお会いするようになって、貧しい私の語彙では、どう表現していいのかわからないのだが、鶴田先生はあの世のことにも、この世のことにも精通しておられる本物の霊能者だと確信した。

私がカトリック信者の友人から学んだことに加えて、さらにはっきりと死に向かって生きる人間の身の処し方を先生から教えてもらった。あの世を可視化して下さったお陰で、妙な表現だが気持ちがとても軽くなった。自分が自分にふさわしい、それなりのところに行ければ幸せだと思えるようになった。

本書をお読み下さった方には説明の必要はないと思うが、江原さんはすでの数々の著作もあり、有名人である。私は有名人が苦手なので、鼎談が始まる前は少し緊張した。なるべく自分は喋らない方が良いのではないかと思っていた。しかし、江原さんはまったく「威張らなかったし、自慢話もしなかった」のだ。これは私にとって稀有な体験だった。同じ地上に立って、私の話にも耳を傾けてくれた。

ノンフィクションを書いている関係で、有名人や皇族の関係者を取材することもままある。普通に会話を交わしていても、「あなたと私は階級が違うのよ。わかっているわね」といった電波をびりびり感じることは日常茶飯事だ。相手の立場や地位を考えれば、尊敬され畏敬の念で見られることに慣れているのだから当然だと思う反面、あのぅ私も同じ人間なんですけどと言いたくなったことは数知れない。

そんな私の有名人コンプレックスを見事に覆してくれたのが江原さんだった。霊の人権に心を寄せる江原さんは、普通のおばあさんの人権も大切に思ってくれる人だった。

もしも本書が自分の死後について考え、不安を抱いている方たちのお役に立てるのならこれ以上嬉しいことはない。

日本心霊科学協会は創立80年の実績がある。その間に優秀な霊能者が何十人も出ている。まずは自分自身を見つめ直すためだけでもいい。日本心霊科学協会について知って頂けたら、それは未来へ向けた希望となるはずだ。

本書を刊行するにあたってはビジネス社の中澤直樹氏、岡田晴生両氏にお世話になった。特に中澤氏の熱意にこころからの感謝を申し上げたい。

おわりに

鶴田光敏

私には三人の魂の師がいます。まずはこの中でたびたび登場する大西弘泰先生。先生は霊媒に迷える霊をかからせ、説得して、天上界に上げることをされました。一種のカウンセリングですが、何しろ情があって巧みでした。医師である私は、仕事の上で大いに勉強になりました。

大西先生のあとは、古神道の相曽誠治先生に出会うことができました。相曽先生の霊的パワーを身近に拝見できたことは、私にとって得がたい経験でした。

そして最後の師、中川先生との出会いがありました。中川昌蔵（1914〜2002）という方は、もとは大阪の家電販売会社（中川無線）の創業者で、経済で成功を収めた人でした。60歳の時に原因不明の病を患い、臨終を迎えるまでに至りました。その時「まだ使命が残っている」という声を聞いて、魂の記憶が思い出されたそうです。

「自分の魂は人々に大自然の法則を教え、各自の魂の向上をはかることを教える使命と目的を持ってこの世に転生してきたのに、事業と仕事に没頭して本来の目的を忘れていた。このまま生命を失い、何も使命を果さずに霊界に帰ることを考えた時、身体がブルブル震え、跳ね起きた」と後に述懐しておられます。その後、奇跡的に回復し、健康体に戻った先生は、自分の前世と前世から今世に至るまでの霊界の様子をまざまざと思い出されたとのことです。

ただ、戻る時に天上界（神）から2つの約束を求められました。第一は組織を作らないこと、第二にはこの活動で一切の金品を受け取らないこと、でした。中川先生も同感し、以来生涯この約束を守り続けられました。

初対面の私に、ごく普通の会話でいくつかの注意を与えられました。そのすべてに心当たりがあったので、私は「先生、どうしてそんなことがわかるのですか?」とお聞きしたら、「あなたの守護霊がそう言っています」と答えられました。ごく普通の会話で、相手の守護霊と会話することの出来る稀有な能力を持った方でした。45歳だった私には「今は本業に励みなさい。お金を大切にして、65歳を過ぎた頃には、もう稼がなくてもよいよう計画を立て、それから心霊の道に入りなさい」と言われました。それが私の守護霊の願いのようでした。私は中川先生のおっしゃることだからと、経済的な設計を立てました。そして65歳を迎えました。ここで私は大変困ったのです。65歳頃からボチボチ心霊を始めろ、と言われても、どう始めていいのか、わからないのです。

私はごく平凡な一開業医です。患者さん相手にいきなり心霊の話などしたら、頭のおかしい医者となってしまいます。そんな頃に、日本心霊科学協会の瀬尾育弐理事長から、協会で講演をしてくれ、とご依頼を受けました。私が64歳の時でした。

協会には継続して会員ではあったものの、大西先生が亡くなってからは足が遠のいておりました。これをきっかけに私は再び協会に足を運ぶことになりました。そして2022年の8月には理事のご指名を受けることになったのです。私は会員の方々に、私が学んだり、経験したりした心霊のお話をする機会が与えられたのです。

さらに協会の機関誌『心霊研究』に毎月、中川先生の講演録を掲載させて頂くことになったのです。私の手元には膨大な中川先生の講演テープがあります。中川先生は、協会とは全く関係がなかったのですが、その思想は協会のものとほぼ一致いたします。真理が1つならば、当然のことと思います。

日本心霊科学協会は3つの良い所があると思います。

第一にはカルトではない。心霊を扱う組織はどうしてもカルトとなりがちです。カルトとは教義などを盲目的に信じさせ、縛りつけることを言います。これが全くありません。

第二には宗教性がほとんどない。一応神道式にはなっていますが、自分の先祖を敬い、土地の氏神様を崇うという敬神崇祖を重んじるだけで、教祖も、本尊もありません。

第三は金銭を要求しない、これも真面目に80年近く公益財団法人として運営してきた証です。

今回敬愛してやまぬお二人とともに鼎談をするというご縁を頂きました。私は張り切りすぎて、しゃべりすぎてしまいました。この私の冗長な部分をビジネス社の中澤直樹氏は上手にまとめて下さいました。この場をかりて心より御礼を申し上げます。

江原啓之（えはら・ひろゆき）

1964年生まれ。スピリチュアリスト。世界ヒーリング連盟元会員。一般財団法人日本スピリチュアリズム協会代表理事。公益財団法人日本心霊科学協会評議員。日本オペラ振興会評議員。吉備国際大学ならびに九州医療科学大学客員教授。一般社団法人日本フィトセラピー協会顧問。和光大学人文学部芸術学科を経て國學院大學別科修了。武蔵野音楽大学特修科修了。著書に『あの世の歩き方』（小学館）、『スピリチュアルな人生に目覚めるために』（講談社）、『スピリチュアルメッセージ』（祥伝社）、『自分に奇跡を起こす 江原啓之100の言葉』（三笠書房）、『幸せに生きるひとりの法則』（幻冬舎）ほか多数。

鶴田光敏（つるた・みつとし）

1954年愛知県生まれ。小児科・アレルギー科専門医。つるた医院院長。公益財団法人日本心霊科学協会常務理事。漢方薬にも造詣が深く東西両医学で診療を行う。また、魂の師・中川昌蔵さんの教えを広め、残すことを使命としている。著書に『来世をどう生きるか　新しい生きがいの発見』『幸福への波動』『老化もガンも酸化が原因だった　最新医学で分かった食べ方健康法』（以上、文化創作出版）、など。

工藤美代子（くどう・みよこ）

1950年東京都生まれ。ノンフィクション作家。チェコのカレル大学を経て、カナダのコロンビア・カレッジを卒業。1991年『工藤写真館の昭和』で講談社ノンフィクション賞を受賞。『なぜノンフィクション作家はお化けが視えるのか』『凡人の怪談』（以上、中央公論新社）、『怖い顔の話』（KADOKAWA）ほか、日常的にお化けに出会う体験をもとに見えない世界を描いた作品を多く手がけている。

たましいの本当の話

2025年4月14日　　第1刷発行

著　者　江原啓之　鶴田光敏　工藤美代子
発行者　唐津 隆
発行所　株式会社ビジネス社
〒162-0805　東京都新宿区矢来町114番地 神楽坂高橋ビル5F
電話　03(5227)1602　FAX　03(5227)1603
https://www.business-sha.co.jp

〈装幀〉齋藤稔（株式会社ジーラム）
〈編集協力〉杉浦美佐緒
〈本文組版〉株式会社明昌堂
〈印刷・製本〉中央精版印刷株式会社
〈営業担当〉山口健志
〈編集担当〉中澤直樹

ISBN978-4-8284-2718-8